내몸에 맞는 산행 설명서

# 한국의 120명산

유정렬 편

Korea's noted mountain

아이템북스

## 들어가면

한번이라도 우리 산을 올라본 이는 알 것이다.

산 입구에 들어서면 밀려드는 청아한 산 내음과, 발 앞에 펼쳐지는 산길의 유연함과, 온갖 토종 동식물들이 만들어내는 그림 같은 풍경과, 산 어귀에 박힌 기묘한 바위가 환기시키는 미감美感과 산에서 올려다보는 하늘이 주는 경외감과 내려다보는 인간세상의 아기자기한 모습을.

어디 그뿐이겠는가. 산봉우리마다 서려 있는 이야기의 흥미로움과, 그 전설들에 스며있는 인간사의 애잔함과, 산마다 으레 하나씩 있는 사찰이 선사하는 고아한 멋과, 여러 역사적 유적들이 환기하는 오래된 과거의 기억들. 이 또한 우리산이 뿜어내는 매력이자 그것이 주는 선물이다.

산의 매력에 흠뻑 취해서, 어느 날 문득 산을 오르내리기 시작했다. 백두에서 한라까지 하늘의 셀 수 없는 별들만큼이나 촘촘하게 박혀 있는 우리 산들을 탐방했고, 그것으로는 모자라 아프리카, 남미, 유럽과 같은 외국의 산들까지 둘러보게 되었다. 그러나, 이른바 '유명하다'는 외국의 산들을 살펴보며 갖게 된 것은 이국異國의 산에 대한 동경이나 갈망, 모험심 같은 것이 아니었다. 그런 산들을 오를수록, 머리와 마음과 몸을 자극하는 것은 오히려 우리 산들이 지닌 가치와 매력, 그에 대한 애착이었다.

날카롭기 그지없고 생소하기만 한 외국의 산들보다는, 내가 태어나고 자란 이 땅에 우뚝 솟은 산들, 우리의 과거와 현재와 미래의 삶을 안고 있는 우리 산들에 대해 더 이해하고, 이야기하고 알리고 싶었다.

이 책은 그러한 노력의 결과물이다.

유 정 열

# 차례

## 강원도



## 충청 · 대전

# 차례

## 전라 · 광주



## 경상 · 부산 · 대구 · 울산



## 제주 · 북한

# 서울 · 경기 · 인천

살아가다 문득,
매일 매일 살아오던 삶이 갑자기 힘겨워 질때가 있다.
무슨 특별한 이유가 있어서가 아니요,
누군가가 나를 괴롭혀서도 아니다.
말 그대로 그냥, 문득 그럴때가 있는 것이다.
이럴때는 주저 말고 떠나자.

# 가덕산 858.1m · 몽덕산 660m · 북배산 866m

경기도 가평군 · 강원도 춘천시

억새를 실컷 구경하며 산을 오를 수 있는 곳이 바로 경기도 가평에 위치한 가덕산이다. 가덕산은 가을과 겨울 사이, 군락을 이룬 억새 위에 눈이 쌓이면 마치 만리장성 같은 장관이 연출되기도 해서 초겨울 산행 코스로 인기가 좋은 산이다.

산행은, 가평군 북면 화악리의 윗 홍적마을과 아랫 홍적마을 사이에 있는 중간 말에서 동쪽으로 난 계곡길을 따라 20분쯤 오르면 계곡길에 들어서게 되고, 좀 더 오르면 두 개의 골짜기가 합쳐지는 Y자 갈림길로 들어서게 되는데, 먼저 왼쪽으로 들어섰다가 오른쪽 골짜기를 건너는 코스를 택하면 키를 넘어서며 가로막는 억새풀을 만난다. 억새풀을 헤치고 북쪽 지능선으로 올라 가파른 수림 지대를 지나면 주능선에 닿게 된다.

참나무, 물푸레나무, 대나무, 단풍나무 등 갖가지 나무들이 빽빽이 들어찬 능선을 따라서 30분 정도 더 오르면 깎아지른 듯한 절벽이 이룬 비경과 커다란 짐승의 머리가 툭 튀어나온형상의 큰 바위를 볼 수 있다. 남쪽으로 200m 오르면, 넓은 억새밭 평원과 함께 확 트인 하늘이 나타나는 정상이다. 정상을 지나서 남동쪽으로 15m 지점에 있는 헬기장에서는 의암호와 춘천호가 맑고 투명하게 들여다보이고, 호반 위의 도시 춘천까지도 조망할 수 있다.

하산길은 억새숲이 흐드러진 남쪽의 주능선을 따라서 앵상골과 큰 먹골을 거치는 코스가 좋다.

### 교통편

**대중교통** | 전철 : 상봉역에서 경춘선 전철 이용, 가평역 하차 후 수시 운행하는 홍적리 행 군내 버스 이용, 종점 하차

**승용차** | 승용차를 이용할 경우 경춘국도를 통하여 가평시내로 일단 진입했다가 목동 3거리에서 직진, 화악리 윗홍적 마을까지 가면 된다.

### 산행코스

아래홍적-계곡-주능선-정상-앵상골-큰먹골(약 4시간 30 분 소요)

# 각흘산 838m

경기도 포천시 이동면 · 강원 철원군 갈말면

등산 시작은 계곡에 있는 수양관이나 자등현에서부터 시작하는 코스가 있다. 수양관 맞은편에 있는 각흘계곡으로 가면 그 뒤에는 보기에도 현기증이 날 것 같은 직벽이 떠억 버티고 있다.

계곡에는 장엄한 기세로 시원히 쏟아 내리는 폭포수가 있고 그곳을지나면 산판길이 펼쳐진다. 산판길과 계곡길을 지나면 또 꽤 넉넉한 지대의 억새풀밭이 보인다.

정상에서는 주위에 있는 광덕산과 백운산 그리고 국망봉과 기타 산들이 보이고 시원한 바람이 한 줄기 불어와 땀을 식혀 준다. 각흘산은 흔히 빼어난 계곡, 부드러운 능선, 웅장한 바위가 삼위일체를 이룬 볼 만한 산이라 언급된다.

특히나 아담하고 얕은 3km의 물줄기가 흡사 처녀지를 방불케 하는 각흘 계곡은 주변 경관 속에 파묻혀 고요히 흐르고 있다.

하산할 때는 서남쪽 능선을 탄다. 30분쯤 내려오면 이내 갈림길이 시야에 들어온다.

시간이 허락하면 서쪽 765m 고지로 이어지는 길을 따라가면 되고 그렇지 않으면 왼쪽 각흘계곡으로 방향을 잡는 것이 좋다. 30분 가량 하산하면 처음 지나쳤던 3거리가 나오고 계곡길을 따라 내려오면 처음의 수양관이 다시 나온다.

### 교통편

**대중교통** | 서울 상봉터미널에서 이동행 직행버스, 이동에서 30분 간격으로 운행하는 김화행 버스를 이용한다. 대중교통은 계절에 따라 달라질 수 있으니 사전에 확인해야 한다.

**승용차** | 47번 국도 이용, 퇴계원-진접-신팔사거리-기산(일동면)-도평 삼거리(왼쪽직진)-수양관-간이주차장

### 산행코스

자등현-각흘산 정상-765봉-갈림길-한국성서학교 수양관(3시간)

# 검단산 657m · 용마산 596m

경기도 광주시 · 하남시

검단산은 풍수지리적으로 기가 세고 한강과 접해 있어 거칠 것 없는 산이다. 팔당댐을 한 눈에 볼 수 있을 만큼 조망이 뛰어난 산이기도 하다.

산행은 보통 하산곡동의 산곡초등학교에서 출발한다. 가파른 경사를 지나 능선에올라서면 사방의 전경이 시원하게 열리고, 서서히 정상에 이르는 길이 꽤나 흥미진진하다. 하산곡동에서 출발하는 산행은 처음에는 경사가 매우 가팔라서 힘이 들었으나 능선을 타고 정상을 향해 올라가니 능선 곳곳을 가득 덮은 억새 풀밭이 파도처럼 출렁이는 모습이 가관이고 산 중턱에는 노송이 길을 덮어 쉬어가기 좋다. 계속해서 북쪽으로 가다 보면 넓고 평평한 정상에 서게 되는데 멀리 북한산과 도봉산 줄기가 한눈에 보이고, 북한강너머에는 예봉산과 운길산이 있다. 동쪽에는 팔당댐이, 남쪽으로 뻗은 능선에는 용마산이 솟아 있으며, 서쪽으로는 중부고속도로가 힘차게 달린다.

본래 세종대왕의 능을 이곳에 쓰려다 여주로 옮겨가게 되어 닦아 놓은 능터가 아직 그대로 남아 있다. 또한 서양의 근대문물을 총정리하는 『서유견문』을 쓴 유길준의 묘도 있다.

최초의 근대 문명 소개서이자 국한문國漢文혼용체 저서로 『서유견문』을 한번쯤 읽어보고 검단산에 오르는 것은 어떨지. 남동쪽 으로는 검단산보다는 조금 낮은 용마산이 위치하고 있다. 검단산만으로 아쉽다면 한 번 올라보기를 권한다.

### 교통편

**대중교통 |** 서울에서 하남시까지는 버스를 이용 / 하남시-창우동 하남시에서 수시로 운행하는 창우동행 시내버 스 이용(15분소요)

**승용차 |** 서울 88올림픽도로 이용-하남시 강변로-43번국도-산곡초등학교 방면 진행

### 산행코스

**1코스 |** 산곡휴게소-밤골 입구-장군약수- 용마봉-큰고개-검단산 정상-호국사-창우동(약 4시간)

**2코스 |** 창우동-호국사-85봉-검단산 정상-554봉-샘 터-산곡초등학교 (약 3시간)

# 관악산629m · 삼성산481m

서울 관악구 · 경기 과천시 · 안양시

관악산은 서울과 한강을 감싸안고 우뚝 솟아 있는 산이다. 이 산은 서울 관악구와 경기도 과천시, 안양시에 접해있는 산으로 화악산, 운악산, 송악산, 감악산과 더불어 경기 5악이라 불리는 명산이다.

산의 모양이 갓을 쓰고 있는 것 같아 관악산이라 불렸다. 이 산은 정상 일대의 뾰족하게 솟은 모양이 마치 불길이 타오르는 듯이 보여 불의 산이라 불렸다고 한다.

관악산의 등산코스는 신림동, 사당동, 과천, 안양, 시흥 등 다양하지만 신림동에서 과천을 잇는 코스를 주로 이용한다. 신림동이나 서울대 입구에 하차하여 관악산 입구까지 간 후, 주차장과 광장을 지나 숲길을 들어서면 왼쪽 계곡을 따라 올라야 한다. 4야영장을 지나 오솔길을 따라 10분 정도 오르면 무명폭포에 닿는다.

여기서 더 올라가면 두 계류가 만나는 지점이 나타나고 길이 가팔라진다. 연주암 고개를 넘어 갈림길에서 직진하면 연주암이다. 왼쪽으로 돌아 올라가면 죽순처럼 솟아있는 기암절벽 위에 전망대가 있다. 이 연주대에서의 전망도 멋지지만, 멀리서 연주대를 바라보는 풍경 또한 일품이다.

정상에서 상봉 약수터로 이어지는 등산로에는 악어바위, 메뚜기 바위, 해태바위, 마당발바위 등 그 형상 을 따서 이름을 붙인 바위들이 있어 눈을 즐겁게 한다.

바위 곳곳에는 아기의 발자국처럼 패인 자국이 여럿 있는데, 이는 관악산 어귀에서 태어났던 강감찬 장군이 어릴 때에 돌아다니면서 만든 흔적이라고 한다. 가까운 낙성대에는 강감찬 장군의 사당이 있으니 들러보는 것도 좋겠다.

하산은 연주암에서 계곡길을 따라 과천으로 내려가는 길과 북쪽능선을 따라 사당동으로 하산하는 길이 있다. 과천 유원지까지 총 3시간 40분여의 산행

**교통편**

**대중교통** | 신림동 : 신림전철역에서 하차하여 서울대학 방향의 152, 5516, 5011, 5518, 5612, 5614, 6514번 시내버스를 이용하거나 서울대입구 전철역에서 하차, 서울대 방향 6512, 5412, 5528, 5515번 시내버스를 이용한다.

과천 : 사당 전철역에서 하차하여 과천행 4424번 버스를 이용한다.

안양 : 안양전철역에서 하차하여 안양유원지로 걸어 올라간다.

**승용차** | 신림사거리, 봉천사거리에서 서울대학교 정문방향으로 이동하면 관악산 입구 주차장이 있다.

**산행코스**

**관악산 1코스** | 관악산 입구-제1광장-제4캠프장-무명폭포-연주암-연주대-관악산 정상-자하동천-시흥향교-과천유원지(약 4시간 30분 소요)

**관악산 2코스** | 관악산 입구-제1광장-제4캠프장-무명폭포-연주암-연주대-관악산정상-사당동 방면(약 3시간 30분 소요)

**삼성산 1코스** | 서울대 입구-제1,2광장-삼막사-삼성산정상-염불암-안양 유원지(약 3시간 30분 소요)

**삼성산 2코스** | 서울대 입구-제1,2광장-삼막사-삼성산정상-장군봉-호압사-시흥동(약 3시간소요)

이다.

삼성산은 서울대 입구에서 오를 경우 1,2광장과 계곡 및 능선을 지나 깃대봉쪽의 코스를 택하는 것이 보통이며 정상의 서쪽 아래에는 신라 고찰 삼막사가 있다. 삼성산이란 이름도 원효, 무학 등 세 고승이 수도하던 곳이라는 데서 연유하였다고 한다.

하산은 동쪽 능선길을 가다 고개를 너머 안양유원지 염불암으로 가거나 북쪽 암릉길을 따라 장군봉에 오른 후 호압사를 경유해 시흥동으로 내려간다. 아니면 북서쪽 능선을 따라 신림동으로 하산할 수도 있다.

근대 이전에는 풍수지리적으로 중요한 평가를 받았고, 오늘날에는 서울과 수도권 시민들의 휴식처가 되는 흥미로운 산이다.

## 광교산 582m · 백운산 564m · 바라산 428m

경기 수원시 장안구 · 용인시 수지읍

광교산은 수원시와 용인시의 경계를 이루는 산으로, 그 산자락이 수원시를 북에서 싸 안고 있는 형세를 하고 있다.

산행은 수원시 장안구 상광교동에서 수원지를 끼고 들어가는 입구에서부터 시작된다. 산과 물이 어우러진 그 부근의 운치도 제법 볼 만하다. 입구에서 넓은 길을 걸어 들어가면 토사저지용 댐이 나오고, 댐을 지나면 등산코스가 여러 갈래로 나뉘어진다. 그 중에서도 백운산 근처의 갈대능선으로 가서 광교산 능선을 타는 능선산행을 한 뒤, 정상을 지나오는 원점산행코스를 많이 이용하는 편이다. 능선 어귀어귀마다 햇빛이 보이지 않을 정도로 늘어선 울창한 수목들을 볼 수 있는데, 이것이 겨울 광교산의 절경을 만들어내는데 큰 역할을 한다. 광교산만 오르는 것이 아쉬우면 북서쪽에 위치한 백운산도 함께 오를 것을 추천한다. 광교산은 겨울풍경이 아름답다고 소문이 자자하다.

수원의 여덟 가지 볼거리, 즉 수원팔경의 그 첫 번째에 '광교적설' 이 꼽힐 정도이다. 빼곡히 들어선 나무 가지가지마다 흰 눈을 소복하게 덮어쓴 채 있는 모습이 만들어내는 색다른 분위기와 풍치 또한 한 번쯤은 둘러보고 경험해 볼 만한 것이라 생각한다.

**교통편**

**대중교통** | 잠실 강남, 사당방면에서는 1007번, 1007-1번, 3000번, 3007번, 7000번 버스를 타면 되고, 수원역에서 시내버스 13번을 타고 상광교동 버스 종점에 하차하면 된다. 수원역에서 11, 32, 38, 46번 버스를 이용하면 경기대 앞에서 하차하면 된다.

**산행코스**

**1코스** | 경기대-형제봉-시루봉-지지대(약 4시간 소요)

**2코스** | 문암골-백년약수터-형제봉-시루봉 (약 2시간 소요)

**3코스** | 양지농원-토끼재-시루봉(약 2시간소요)

**4코스** | 버스종점-절터약수터-갈대밭-시루봉(약 3시간 소요)

**5코스** | 청련암-통신대-갈대밭-시루봉(약 3시간 소요)

**6코스** | 지지대-통신대-갈대밭-시루봉(약 2시간 30분 소요)

# 광덕산 1,046m · 상해봉 1,010m

경기 포천시 이동면 · 강원 화천군 서면 · 근남면

광덕산은 경기도 포천시 이동면과 강원도 화천군 사내면의 경계를 이루는 산이다. 해발 1,046m 높이의 이 산은 주로 규암석으로 이루어져 있고 가을이면 오색 단풍의 물결이, 겨울이면 설경이 아름다운 곳이다.

수도권에서 최북단에 있는 상해봉은 주변 산들에 비해 깨끗한 모습을 유지하고 있다. 전방지역과 가깝고 상해봉 주변에 민간인 출입금지구역이 많아 사람들로 붐비지 않는 산이기 때문이다.

버스를 타고 광덕동정류장에서 하차한다. 이 곳을 산행기점으로 하여 북쪽으로 난 길을 따라 30분 정도오르면 갈림길이 나온다. 여기서 왼쪽길로 들어서면 광덕산이 이어지고, 오른쪽 직진길은 상해봉으로 가는 길이다. 광덕산은 1,000m 이상 되는 산이지만 광덕재가 620m에 있는 고개라서 쉽게 정상에 오를 수 있다. 2시간 정도 땀 흘려 오르면 광덕산 정상에 도달한다.

동남쪽으로 경기도 포천, 북쪽으로는 철원평야, 서쪽으로는 전곡 등의 아름다운 산야가 눈에 들어온다. 바로 하산해도 되지만 너무 짧은 산행에 아쉬움이 남는다면 다시 상해봉으로 향한다.

도로가 넓게 나있어 수월한 길을 걸으면 회목현에서 올라오는 큰 길이 나타나고 얼마 후 상해봉 북릉이 되는 능선 합류지점에 이른다. 이 주능선길에서

**교통편**

**대중교통** | 서울 상봉터미널에서 30~40분 간격(첫 차 5:45, 막차 20:25) 으로 운행하는 사창리행 버스편을 이용, 광덕고개에서 하차(약 2시간 소요)

**승용차** | 구리시 퇴계원에서 47번 국도를 이용해 포천시로 이동한 후 백운삼거리에서 사창리 방면 372번 지방도로로 우회전 하여 약 10km 진행하다 보면 광덕고개가 나온다.(약 1시간40분 소요)

**산행코스**

광덕고개정류장-광덕산 정상-상해봉-회목현-광덕휴게소(약 4시간 30분 소요)

오른쪽으로 발길을 돌려 10 분쯤 걸으면 정상 서릉상의 공터가 나온다.

공터에서 북릉쪽으로 조금 내려가면갈림길이 나온다. 갈림길에서 우측 능선쪽으로 조금 걸으면 암벽 앞에 이른다. 상해봉이 머리위에 있어 거의 직각으로 올려다 보인다. 밋밋한 봉우리에 닭의 벼슬처럼 바위가 솟아 있다.

정상까지는 아슬아슬하게 발걸음을 내디뎌야 한다. 보조루프를 사용하는 게 안전하다. 이렇게 울퉁불퉁한 바위가 급경사를 이룬 사이로 이어지는 산길을 오르면 상해봉 정상이다.

이곳의 전망 역시 좋은데 마치 바다 한 가운데에 있는 기분을 느낄 수 있어 더욱 좋다. 상해봉 정상에서의 하산길은 여러 코스가 있다.

우선 원아사로 내려가 원아사 계곡에서 쉬어가도 좋다. 또는 회목현을 거쳐 광덕리쪽으로 내려오면 쉽다. 능선 합류지점까지 나오면 넓은 대로이므로 겨울에 눈길을 마구 뛰어 내려가는 것도 재미있다.

그런데 상해봉 산행에는 유의사항이 있다. 상해봉에는 군사보호시설이 몇 군데 있으므로 소개된 등산로를 벗어나지 않도록 주의해야 한다.

# 국망봉 1,168m

경기 가평군 북면 · 포천시 이동면

산행은 생수공장에서 시작한다. 여기서 왼쪽을 돌아서 5분쯤 차도를 올라가면 장암저수지가 나온다. 저수지부터 국망봉 휴양림이 조성되어 있는데 2천원의 입장료를 내고 이용할 수 있다.

저수지둑을 기점으로 양갈림길이 나온다. 오른쪽 길은 70도 이상의 가파른 경사이므로 왼쪽 길을 택해 오르는 것이 좋다. 돌밭길을 1시간 30분 정도 가면 갈림길이다. 왼쪽은 백운산으로 가는 길이고 오른쪽이 국망봉 정상길이다. 이 길로 약 20분쯤 더 가면 점점 높아지면서 가파른 경사길을 힘겹게 올라가면 신로봉 999m에 도달한다. 산 너머는 가평군이다. 밋밋한 산세에 각종 나무와 꽃들이 반긴다. 이런 길을 걸어 30분쯤 가면 1,120m 고지가 나오고 멀리 눈앞에 보이는 봉우리가 국망봉이다.

5개의 봉으로 이루어진 이 산은 정상에 오르기까지 오르락 내리락을 반복해야한다. 정상에 오르면 동남으로 화악산, 북쪽으로 철원, 서쪽으로 관음산이 한눈에 보인다. 하산은 정상으로부터 오던 길을 10m쯤 서쪽으로 돌아서 내려간다. 약 50m 가까운 가파른 길을 나뭇가지, 풀뿌리 등을 잡고 썰매타듯 2시간 가량 내려오면 산행은 끝이다.

산을 좋아하고 자연을 사랑하는 모든 산행인에게 국망봉은 더없이 마음에 드는 곳 일 것이다.

### 교통편

**대중교통** | 1. 용수동 방향 : 상봉역에서 경춘선 전철 이용, 가평역 하차, 또는 청량리역 앞 환승정류장에서 가평행 광역버스 이용. 가평터미널에서 수시 운행하는 용수동 행 군내버스를 이용, 종점 하차.

2. 이동 방향 : 상봉터미널에서 이동 경유 사창리행 직행버스를 이용, 이동 하차 후 도보 또는 택시 이용를 이용, 국망봉자연휴양림 하차.

**승용차** | 구리시에서 일동 방향으로 47번 국도를 이용해 퇴계원, 내촌, 일동, 이동면사무소를 거쳐 생수공장.

### 산행코스

**1코스** | 생수공장-갈림길-신로령-국망봉-능선-저수지(약 5시간 정도 소요)

**2코스** | 자루목이-능선갈림길-국망봉-견치봉-동남릉-용수동(약 4시간 30분)

# 남한산 522m · 청량산 462.6m

경기도 하남시 · 광주시 중부면

서울의 동남쪽에 위치하고 있는 남한산은 산의 사방이 평지여서 밤보다 낮이 길다고 하여 일장산日長山, 주장산 晝長山이라고 불리기도 하는 산이다. 지형의 사면이 외부의 공격을 막기에 좋은 조건을 갖추고 있어서 삼국시대부터 성을 쌓았다고 한다.

울창한 숲에 둘러싸인 구릉지이며 평균 높이가 서울보다 300~500m 높은 고지대여서 기온이서울 보다 4~5도 낮아 여름철 피서지로도 알맞은 산이다. 나지막하고 아담한 이 산은 '남한산성' 으로 유명하다. 남한산의 남한

산성. 이곳은 병자호란의 치욕이 고스란히 남아있는 곳이다.

1636년, 인조 14년인 병자년, 군신관계를 맺자던 청나라의 요구를 거절한 것이 계기가 되어 청나라의 대규모 침입이 시작된다.

청과 명나라 사이를 적절하게 오가며 중립 외교를 펼치던 광해군과는 달리, 인조는 숭명배청 정책을 고수했고, 이러한 조선의 태도에 화가 난 청나라가 전쟁을 선포하게 된 것이다. 당시 조선은 7년 동안이나 지속된 임진왜란으로 인해 상당히 피폐한 상황이었고, 중원을점령하며 새롭게 떠오르고 있던 청나라 군대에 맞설 힘도 갖고 있지 않았다.

미처 강화도에 도착하기도 전에 청군이 가까이 왔음을 알게된 인조는 가까운 남한산성으로 들어가

### 교통편

**대중교통 |** 하남시 마을버스 20번 버스로 마방집 앞에서 하차한다. 고속도로 밑을 통과하여 산으로 들어 간다. 은고개 쪽은 광주 시내버스 13번을 이용하면 된다. 서울 지하철 8호선 산성역 2번 출구에서 9번 버스를 타면 산성마을로 들어갈수 있다.

**승용차 |** 중부고속도로 하남 IC-교산동-교산교

### 산행코스

마방집-객산-샘터-남한산-산성 암문-은고개(약 4시간 30분 정도 소요)

피신한다. 성안에 들어가 견디기를 한 달 반쯤 하였을 때, 인조는 성문을 열고 나와 항복하며 청나라 황제에게 예를 올리며 바닥에 세 번 머리를 찧는다. 이것이 바로 '삼전도의굴욕' 이다.

그 때의 흔적과 공기가 아직까지 남아있는 듯한 기분에 성안의 사물들이 예사로 다가오지 않는다. 성곽을 따라 정상으로 향하며, 끊임없이 굴욕의 현장에 와 있음을 자각한다. 인간이 마주할 수 있는 매우 힘들고 어려운 상황을 간접 체험하고 보니, 현실의 고통이 상대적으로 작게 느껴진다. 마음이 어지럽고 세상살이가 힘들어 질 때마다 남한 산성을 찾아 그 고통스러운 시간들을 되새긴다는 작가 김훈의 말이 오늘따라 수긍이 간다.

마음을 다독이며 정상에 올라와보니 정상은 찾는 이가 많이 없어 황량한 느낌을 주었다. 산성마을까지 자동차를 타고 올 수 있으니 산타기를 낙으로 삼는 사람이 아니라면 이 꼭대기까지 걸어오는 경우가 별로 없을 것이라는 생각이 들었다. 그러나 산길을 걸으면서 즐기는 이 사색의 시간이 그같은 편리함에 비겨질 리 없다.

# 도드람산 349.3m · 설봉산 394.3m

경기도 이천시 마장면

경기도 이천시 마장면 동쪽에 위치하여 설봉산과 마주하고 있어 함께 오르기 좋고, 해발 349m로 그리 높지 않은 이 산은, 이천시가 지정한 9가지 볼거리 중의 하나에 속한다. 본래는 '저명산猪鳴山' 이었으나 '돌저', '울명' 의 돋울음산이 변하여 '도드람산' 으로 불리게 되었다고 한다.

도드람산의 가장 큰 특징은 바로 '바위산' 이라는 점이다. 봉우리를 이루는 기암괴석의 절묘한 경관은 물론이거니와 능선 자체가 암석으로 이루어져, 바위 타는 재미에 있어서는 수도권 산 가운데 으뜸으로 꼽힌다. 많은 사람들이 도드람산을 '바위맛' 이 좋은 산이라 부르는 이유가 여기에 있다. 등산 초창기 무렵 처음 도드람산을 대했을 때, 그때는 이 산이 가지는 의미를 제대로 알지 못했었다. 이 높이도 보잘것없고 코스도 짧은 바위투성이 산은 그때껏 올랐던 다른 산들에 비해 조금은 비루하게 느껴지기도했다.

그러나 막상 산에 오르고 난 뒤의 생각은 많이 달라졌다. 그 곳곳에 박힌 바위들이 주는 '바위맛' 뿐만 아니라, 정상에서 보는 탁트인 평야가 주는 후련함, "아, 이 산이 가진 매력은 또 이런 것이었구나." 하는 탄식이 절로 흘러나왔다.

도드람산 위를 밟고 올랐던 시간 기억들, 거기에 이런 깨달음까지 더해져 나에게 도드람산은 '의미 있는 산' 이 되었다.

**교통편**

**대중교통 |** 이천시 - 표교리: 양지, 용인행 시외버스 이용, 표교 리 표교초등학교 앞 하자.(도보 15분소요)

**승용차 |** 중부고속도로 서이천 IC 진출해서 우회전하면 바로 도드람산 입구가 나온다. / 3번 국도로 이천에 진입-용인 방향 42번 국도-6.5km-표교리 도착-표교초등학교 입구로 우회전-약 1km 남짓 들어가면 도드람산 주차장에 도착

**산행코스**

표교리 주차장-영보사-1봉-2봉-3봉-4봉(정상)-안부-동쪽능선-주차장(약 2시간 30분 소요)

# 도봉산 740m · 사패산 552m

경기 양주시 장흥면 · 의정부 · 서울시 도봉구

서울 북쪽에 위치하고, 도봉산 전철역이 있어 접근이 쉬운 도봉산. 도봉산 이름의 유래는 태조 이성계가 조선왕조 창업의 길을 닦았다고 하여 도봉道峯이라는 설과 큰 바윗길이 산 전체를 이루고 있어 도봉道峯이라는 설이 있다. 예로부터 북한산과 더불어 서울의 진산으로 일컬어졌으며, 한북정맥에서 뻗어온 지맥이 우이령을 기준으로 해서 동쪽의 도봉산, 서쪽의 북한산으로 이어지고 있다.

우람한 기암괴석과 뾰족히 솟은 암봉들이 장관을 이루고 있으며, 사방으로 뻗은 계곡을 따라 녹음이 우거져 명소를 만들고 있다. 도봉산 연봉 중에서도 만장봉, 자운봉, 선인봉은 특히 빼어나며, 서쪽으로는 신기한 오봉이 다섯 개의 암봉을 나란히 하여 서있다. 사계절 모두 즐겨 찾는 산이지만, 특히 가을이면 온산을 오색으로 물들인 단풍의 물결이 어느 산 못지 않게 아름다운 풍경을 연출한다.

도봉산의 으뜸을 두 가지로 꼽으라면, 뾰족이 솟은 암봉들의 모습과 우람한 기암 괴석들을 들 수 있겠다. 도봉산 천축사 주변에는 마당바위라는 것이 있다. 마당바위를 보면 왜 '마당' 이라는 이름이 붙었는지 한번에 알 수 있을 정도로 널따랗다.

### 교통편

**대중교통 |** 도봉산 전철역이나 회룡, 망월사역에서 하차하여 도봉산행 버스를 이용한다. 또는 도봉산 입구까지 가는 좌석버스 902번, 일반버스 140, 141, 142번을 이용하거나 의정부에서 망월사까지 가는 12번, 13번 버스를 이용한다.

### 산행코스

**1코스 |** 도봉동 매표소-도봉서원-갈림길-도봉산장-천축사-마당바위-정상(자운봉)-우이암-보문산장-원통사-우이동유원지(약 6시간 소요)

**2코스 |** 망월사역-매표소-원효사-망월사-716.7봉-자운봉-주봉-우이암-원통사-보문산장-삼거리(약 7시간 30분 소요)

그래서 오가는 등산객들이 잠시 휴식을 취하는 쉼터이며 뒤로 선인봉, 만장봉, 자운봉, 신선대 등의 암봉들이 바라다 보인다.

기암절벽의 맨끝에 올라서 있는 신선대에서는 도봉산의 앞뒤 절경을 한눈에 볼 수 있다. 마당바위 주변에 또 신기하게 생긴 바위로 거북바위가 있다. 거북바위를 지나 주능선에 올라서는 만장봉 밑으로 돌면 자운봉이다.

이곳에 서면 동으로는 수락산, 서로는 고양시와 그 너머 서해바다, 남으로는 서울 북부지역과 북한산, 북으로는 양주시와 의정부가 펼쳐지므로 그야말로 사방팔방의 전경을 볼 수 있다. 북쪽에 위치하고 있는 사패산과 함께 오르는 것도 좋다.

도봉산의 최고 장점은 서울 근교에서 이렇듯 멋진 풍경을 감상할 수 있다는 것이다. 그러니, 산을 오르는 사람답게 편리하고 느긋한 지하철을 이용해서 도봉산에 올라가보자. 푸른 잎 위로 먼지가 쌓여 가는 도봉산의 나무를 보면 안타까울 따름이다.

# 명성산 923m

경기 포천시 영북면 · 강원 철원군 갈말읍

지금은 명성산이라고 불리지만 예부터 불리우던 이름은 울음산이었다. 지금의 명성산은 울음 명鳴에 소리 성聲을 붙여 만든 울음산을 한자어로 고친 이름이기 때문이다.

이런 특이한 이름을 가지게 된 것에 대해 여러 가지 전설이 있는데, 이 전설도 산의 이름을 닮아서 하나같이 슬픈 것들 밖에 없다. 첫 번째 전설은 신라 마지막 왕 경순왕의 아들인 마의태자와 관련된 것인데, 마의태자가 망국의 한을 품고 이 산을 지나 금강산으로 갈 때 산이 그것을 보고 울었기 때문이라는 것이다.

다른 전설로는 왕건에게 쫓기어 피신하던 궁예가 이 산에서 피살되었는데, 궁예가 망국의 슬픔을 통곡하자 산도 따라 울었기 때문이라는 것이다.

이 산은 동족상잔의 비극이었던 한국전쟁 때 격전지이기도 했다. 한국 전쟁 전에는 38선 이북의 땅이었다. 산행은 산정호수 주차장에서 시작한다. 주차장 우측으로 난 차도를 따라가면 자인사 입구 표지판이 보이는데 10여분 더 올라간 곳에 자인사 미륵불과 동자불상이 깎아지른 암벽을 배경으로 서 있다. 절 우측으로 난 등산로로 접어들면 바위들이 지천으로 널려 있는 계곡길이 나온다.

다종 다양한 바위들을 넘는 재미에 빠져 오르다보면 어느새 절벽아래로 산정호수의 푸른 물이 시야에 확 들어오는 거대한 암릉에 도착한다. 암릉에서 눈앞을 가로막고 있는 조그만 봉우리를 넘으면 온통 억새풀로 가득한 평원이 나온다. 발길을 돌려 북쪽으로 가면 저만치에 '삼각봉' 이 시야에 들어

오고 그 너머로 정상부를 이루는 연봉들이 위풍도 당당하게 서 있다. 오르락내리락하여 산길을 30여 분 더 가면 드디어 정상에 도달한다. 정상에서 보는 전망이 매우 좋으며 광덕산, 백운봉의 모습도 볼 수 있고 멀 리는 포천시의 모습도 보인다.

하산은 남서쪽 능선을 따라 내려가면 되는데, 능선에는 홈바위 등의 바위길이 있으나 그다지 위험한 곳은 없다. 우거진 억새풀밭을 지나 진달래, 싸리나무, 참나무 등이 얽혀 있는 암릉지대를 따라 내려오면 급경사의 계곡길로 접어든다. 계곡을 따라 2시간 정도 내려오면 산정호수 북쪽으로 난 차도를 만나고 이것으로 약 4시간 30분의 산행은 끝나게 된다.

### 교통편

**대중교통 |** 서울 상봉 터미널에서 운천행 버스 이용. 운천에서 산정호수까지는 운천공용터미널에서 상오 6시부터 하오 7시 30분까지 운행하는 노선버스를 이용하면 된다.

**승용차 |** 의정부시로 간 다음 43번 국도를 타고 포천시를 거쳐 38선 휴게소 3거리(우회전) - 성동검문소 3거리(좌회전) - 문암리 3거리(우회전)를 지나면 산정호수에 도착할 수 있다.

### 산행코스

산정호수주차장-자인사-삼각봉-명성산-정상-남서릉-계곡-산안고개(약 4시간 30분 소요)

# 명지산 1,267m

경기 가평군 북면 · 하면

명지산은 밤꽃이 흐드러지게 피는 곳이다. 온천지를 하얗게 뒤덮는 밤꽃에서는 눈보다는 코가 먼저 열린다. 밤꽃의 하얀 눈부심도 예쁘지만 그 알싸한 향기는 나를 자극한다.

정신을 아득케 하는 밤꽃 향기를 맡으며 명지산을 오른다. 사계절이 다 아름다운 명지산은 특히 봄에는 진달래와 철쭉, 밤꽃이 온 산에 흐드러져 봄날의 산행을 즐기는 이들을 황홀경에 젖게 만든다. 가을 단풍은 가평 팔경 중 제 4경으로 지정 되었다.

또한 명지산은 계곡의 맑은 물과 고목이 조화를 이루어 여름철 불볕더위를 식히기에도 안성맞춤이며 겨울철에는 온 산을 뒤덮는 하얀 눈꽃이 설경의 극치를 이룬다.

정상에 서면 시야가 탁트이면서 화악산, 국망봉, 운악산의 봉우리들이 연이어 펼쳐지고, 남쪽으로는 방금 지나온 1,250봉이 마주하고 있다. 그 모습이 경기 일대의 산들을 한눈에 굽어보며 설악산에 버금가는 웅장한 산세를 자랑하는 듯 하다.

하산길은 북쪽 능선길을 따라가다 능선안부에서 남쪽 능선으로 향해 익근리 계곡을 지나 승천사를 지나 익근리로 하산하는 방법이 있고, 아재비고개로 하산도 가능하다.

**교통편**

**대중교통 I** 서울 상봉터미널에서 상판리행 완행버스(1일 6회). 다락터행 완행버스(1일 2회)이용, 종점에서 하차. 또는 상봉터미널에서 목동행 직행버스(1일 8 회)를 타고 목동 서 적목리행버스(1일6회)로 갈아타 익근리 승천사 입구에서 하차한다. 전철은 상봉역에서 경춘선 전철 이용, 청평역 또는 가평역 하차 후 군내 버스로 이동.

**승용차 I** 가평읍까지 이동한 다음 75번 지방도를 이용해 목동 3거리(좌회전,도대리 방향) - 도대리를 거쳐 익근리로 갈 수 있다.

**산행코스**

**1코스 I** 익근리-승천사-명지폭포-연교막-1250봉-정상-1079봉-갈림길-승천사-익근리 (약 6시간 소요)

**2코스 I** 상판리 귀목마을-귀목고개-갈림길-1199봉-1250봉-정상-능선안부-갈림길-명지폭포-승천사-익근리 (약 6시간 30분 소요)

# 북한산 837m

경기 고양시 효자동 · 서울 강북구 · 성북구 · 종로구

'가노라 삼각산아 다시보자 한강수야 / 고국산천을 떠나고자 하랴마는 / 시절이 하수상 하니 올동말동 하여라'

청나라와의 싸움인 병자호란 이후 인질로 잡혀가면서 고국에 대한 그리움을 나타낸 김상헌의 이 시조에서 등장하는 삼각산이 바로 북한산이다. 수도 서울을 그리워할 것을 나타내기 위해 삼각산을 꼽은 것을 보면 북한산이 서울에서 가지는 상징을 한눈에 알아볼 수 있다.

한국의 중심이 서울이고 서울의 진산이 바로 북한산인 셈이다. 백두산, 한라산과 더불어 우리 민족의 진산으로 꼽기에도 지나침이 없다.

김상헌이 북한산을 바라보면서 서울을 그리워하기엔 그만한 이유가 있다. 삼국시대 때 부터 우리 민족의 중심 역할을 해왔던 서울 가운데 있는 북한산에는 그만큼 많은 유적들이 있고, 많은 추억들이 남겨져 있기 때문이다.

북한산성을 비롯한 수많은 역사, 문화유적과 100여 개의 사찰, 암자가 곳곳에 산재 되어있다. 등산코스는 우이동, 정릉, 세검정, 구파발 등을 기점으로 하는 코스가 대표적이나 그 외에도 다양한 코스가 있다. 가장 많이 알려진 코스는 우이동에서 깔딱고개를 넘어 정상에 오르는 길이다.

우이동 종점에서 내리자마자 북한산 세 봉우리가 우뚝 선 모습이 시야에 들어온다. 매표소를 지나 도선사 주차장에서 앞쪽 계단으로 오르면 바로 우이산장이 다. 다시 계단을 지나 올라가면 갈림길이다. 여기서 왼쪽으로 들어서면 길이 가파라지면서, 누구든지 숨이차 깔딱거린다는 깔딱고개를 넘어서게 된다. 철책을 따라 내려서면 야영장이 나오고 이곳에서 서쪽 계곡길을 따라 오른다. 위로 올라가는 바윗길에는 쇠난간 이 설치되어 있다.

백운산장에서 위문을 지나 쇠난간을 붙들고 오른쪽 암벽길을 오르면 드디어 정상이다. 백운대 정상에 오르니 시야가 탁 트이며 탄성이 절로 난다. 서울 시가지가 한눈에 들어오며 그 한복판을 흐르는 한강 줄기가 시원함을 더해준다.

맞은편으로는 깍아지른듯 서 있는 인수봉과 그 암벽에 아슬아슬 달라붙은 사람들의 모습이 시선을 끈다. 그 뒤로 도봉산의 연봉이 펼쳐지고, 수락산, 불암산, 천마산 등의 봉우리가 이어지며 장관을 이룬다. 서울 가까이에 이런 산이 솟아 있다는 것이 그저 고마울 뿐이다.

### 교통편

**우이동방면** | 109, 120, 144, 151, 1121, 1165, 1166 번 시내버스를 이용.

**정릉방면** | 110, 143, 162, 4412번 시내버스를 이용.

**북한산성방면** | 704, 701번 버스를 이용.

### 산행코스

**1코스** | 우이동 도선사 주차장-매표소-우이산장-깔딱고개-계곡-백운산장-정상(백운대)-용암문-도선사-선운교-우이동(약 3시간 30분 소요)

**2코스** | 정릉풀장-삼봉사-일선사-보현봉-대성문-보국문-대동문-용암문-정상(백운대)-위문-대동사-대서문-북한산성입구(약 5시간30분 소요)

# 뾰루봉 710m

경기도 가평군 설악면 · 청평면

순 한글말 중에 뾰루지라는 말이 있다. 얼굴이나 몸에 난 종기 같은 것을 말하는데, 톡 튀어나와 얼굴을 밉게 보이게 만든다. '뾰루' 라는 말이 들어가는 것 중에 '뾰루퉁하다' 가 있는데 이것 역시 무언가가 못마땅해서 얼굴이 미울 때 그렇게 말한다.

정확한 지식은 아니지만 이렇듯 '뾰루' 는 없어야 보기 좋은 것이 톡 튀어나온 것을 의미하는 것 같은데, 이와 같은 맥락에서 날카롭게 솟아오른 뾰루봉이 경기도 가평에 있다.

뾰루봉의 묘미는 뾰루봉에서 내려다보는 청평호이다. 정상에 보는 청평호의 풍경은 너무나 아름답고 한 폭의 그림 같다. 산을 휘감고 도는 청평호의 모습이 이색적이어서 산행에서의 피로가 한 순간 가셔지는 느낌이다.

이 한 폭의 명화 같은 그림을 보기 위해서 라도 사람들은 뾰루봉의 정상에 오르길 즐긴다. 또한 산행을 하면서 북한강이 바로내려다보여 마치 물 속에 산이 솟은 듯한 느낌도 들 것이다. 청평댐은 이 뾰루봉 때문에 축조될 수 있었다고 말할 수 있다.

이런 까닭으로 뾰루봉에서 청평댐과 북한강의 모습을 바라보기가 가장 적당하다. 암릉의 노송가지 끝으로 바라다보이는 청평호가 그렇게 시원할 수가 없고 바람이라도 불면 귓가에 들리느니 송풍음 뿐이다. 뾰루봉 말고 청평댐을 이렇게 시원하게 내려다 볼 수 있는 산이 또 어디 있을까.

### 교통편

**대중교통 | 전철**: 상봉역에서 경춘선 전철 이용, 청평역 하차.

**버스**: 청량리역 환승정류장에서 1330번 광역버스 이용, 청평버스터미널에서 설악 방면 군내버스 환승, 청평댐 하차.

**승용차** | 서울-청평대교를 건너 3거리에 왼쪽 청평댐 앞

### 산행코스

**1코스** | 청평댐-정상-남릉-운곡암-큰골-삼회1리(약 4시간)

**2코스** | 청평댐-정상-동릉-회곡리 양지말(약 3시간 30 분)

뾰루봉의 옛날 이름은 속리산이었고 지금은 "늪산" 이라고도 한다. 청평호를 건너 뾰루봉을 찾아가는 길은 무척이나 아름답다. 뾰루봉에 오르는길은 여러 갈래가 있지만 바로 옆에 있는 고동산에 올랐다 뾰루봉에 오를 수도 있고 "나이아가라" 호텔에서 출발해 오를 수도 있다.

또는 산행 들머리에 있는 뾰루봉식당에서 등산안내판을 따라 산을 올라 한 시간 뒤면 주능선을 탈 수 있다. 주능선을 타고는 반시간도 채 되지 않아 정상에 오를 수 있다.

하산은 남릉에서 내려와 왼쪽 지능선을 따라 한 시간 정도 내려가면 된다.

# 석룡산 1,140m

경기 가평군 북면 · 강원 화천군 사내면

석룡산. 골짜기마다 돌이 많다 하여 돌 석石자, 소와 담에서 용이 꼬리를 틀며 승천했다하여 용 용龍자를 붙여 석룡石龍이라 이름지었다 한다. 인적이 드물어 아직 오염이 적은 산이지만, 최근 포장이 되면서 가평천을 따라 방갈로와 텐트가 여기저기 들어서 있다.

등산로는 적목리 명지초등학교 우측 산길을 올라 중봉의 능선을 넘어 조무락골 외딴 집을 경유하여 오르는 길과, 용수마을 38교에서 오르는 길이 있다. 38교에서 우측 조무락 계류를 따라 30분쯤 오르면 외딴집나씨 할머니집

이 나오고 5분쯤 더 가면 갈림길이다. 이곳에서 좌측길을 향해 오른다.

산의 초입에 들어서 부드러운 흙 길을 한참 가다 보면 길이 점점 높아지면서 가파른 급경사길이 나오는데 여기서 1시간쯤 오르면 묵은 무덤이 있는 능선에 닿는다. 우측길로 접어 들어 걷다 보면 1,100m 봉우리를 넘게 되고, 여기서 안부를 약 30분 정도 더 가면 정상이다.

하산은 북쪽으로 한바퀴 돌아서 급경사길을 내려와 능선을 타고 가는 것이 좋다. 방림 고개를 40분 정도 가다보면 갈림길인데, 바로 가면 화악산 길이고 우측 직경사길로 꺾어 20분쯤 내려서면 좌측으로 넓은 초원의 평야가 나온다. 풀밭을 밟으며 30분 가량 내려서면, 물소리가 들리면서 커다란 바위가 늘어서 있는 조무락 계곡길이다.

## 교통편

**대중교통 I** 상봉역에서 경춘선 전철 이용, 가평역 하차, 또는 청량리역 앞 환승정류장에서 가평 행 광역버스 이용, 가평터미널에서 수시 운행하는 적목리 행 군내 버스 이용, 용수동 종점 하차

**승용차 I** 경춘국도에서 가평읍으로 들어가 적목리 방향으로 30 분쯤 달리면(75번 도로) 산행의 기점이 되는 용수목이다.

## 산행코스

용수마을-38교-계곡-외딴길-갈림길-1100봉-정상-1150봉-조무락계곡(약 4시간 소요)

# 소요산 586m

경기 동두천시 · 포천시 신북면

'소요' 라는 말의 의미는 〈장자壯子〉의 '소요유逍遙遊' 에서 찾아볼 수 있다. 소요유란 천지자연에 아무런 걸림이 없이 자유로이 노니는 경지이며, 장자 철학의 핵심이다. 소요산 안에 들어서면 시원한 물줄기가 떨어져 내리는 원효폭포가 있고, 왼편으로 들어서면 가파른 절벽을 오르는 계단이다. 계단 끝에 이르면 절벽 아래를 굽어볼 만한 자리가 있는데 그곳이 바로 원효대이다. 소요산의 원효대에서 골짜기로 된 바위벽을 개울을 따라 얼마쯤 지나면 백운암과 자재암이 차례로 나온다. 자재암은 세 채로 되어 있는데 가운데 건물이 대웅전이다. 자재암을 지나 개울을 따라 가파른 길을 오르면 또 갈림길이다. 오른편 첫 골짜기에 들어서면 금송굴을 거쳐 나한대와 의상대 능선 허리에 이르게 된다. 두 번째 오른편 골짜기로 접어들면 샘터를 거쳐 나한대와 백운대 중간 산등에 이르고, 계속 북으로 오르면 선녀탕을 거쳐 상백운대와 중백운대 중간 산등성이에 오르게 되어 있다.

서쪽 길은 금송굴로 가는 길이므로 정상으로 가려면 직진해야 한다. 참나무 등의 숲 터널을 지나 30분가량 오르면 나한대가 나오고 여기에서 300m 가량 더 오르면 정상인 의상대에 닿게 된다. 의상대라는 봉우리 이름은 원효대사와 두 차례 당나라에 가려고 동행했던 의상대사의 법명에서 따온 것이라 한다. 하산은 구절터를 경유하여 일주문으로 내려오는 것이 좋다.

**교통편**

**대중교통 |** 1호선 전철을 이용하여 소요산역에서 하차. 버스를 이용할 경우 서울 수유리에서 좌석버스 136번, 완행버스 36번을 타거나 상봉터미널에서 좌석버스 139번, 완행버스 39번을 탄다.

**승용차 |** 동두천시를 지나 3번 국도(전곡 방향)로 소요동까지 이동한 후 소요산 주차장까지 갈 수 있다.

**산행코스**

매표소-자재암-중백운대-상백운대-나한대-의상대-구절터-일주문
(약 3시간 30분 소요)

# 송악산 705m

경기도 가평군 북면 백둔리 · 가평읍

가평군 북면은 산이 높고 물이 맑아 주민들의 기상이 뛰어나 나라를 생각하는 수많은 애국지사들을 배출한 곳으로 유명하다. 문자 그대로 충절의 고장이다. 1896년 을미의 병운동 당시에는 가평의 의병들이 이곳에 주둔해 있었다. 동료들을 구하고자 단신으로 대항했던 의병장 정문위의 출신지 또한 이곳이다. 가평군내 3.1 만세 운동의 시발지가 목동리 멱골, 싸리재인점만 보아도 북면의 기상을 짐작하기 어렵지 않다.

이러한 충절의 고장에 위치한 송악산은 가평군에서는 무명봉 또는 705m

봉이라고 부른다. 그러나 가평군에서 임의로 지명을 변경했기에 국토정보지리원의 승인을 얻지 못해 산꾼들은 그냥 송악산이라고 부른다.

1999년 3월 15일 가평군이 906m봉은 우정봉으로, 우정봉 아래 전패고개는 우정고개로, 879m봉은 장수봉으로, 구나무산으로 부르던 859m봉은 노적봉으로 이름지을 때, 이 산은 개성시 송악산과 이름이 같다는 이유로 이름을 없앴다.

장수봉으로 오르는 길목에 자리잡고 있어 장수능선으로도 알려져 있다. 누군가는 일신의 안녕을 이야기하고 또 다른 누군가는 이익과 편리를 이야기하는 이때에도 송악산 어귀 가평마을에는 보다 가치 있는 것을 찾아 따라 살려했던 옛 사람들의 의리義理와 정신이 남아있다. 송악산을 등반하며 그 정신의 깊이를 헤아려 보는 것 또한 유익한 일이 될 것이다.

**교통편**

**대중교통 I** 상봉역에서 경춘선 전철 이용, 가평역 하차, 또는 청량리역 앞 환승정류장에서 가평 행 광역버스 이용, 가평터미널에서 수시 운행하는 백둔리 행 군내 버스 이용, 연인산 입구 하차.

**승용차 I** 45번 국도를 타고 가평까지 이동한다. 그리고 가평오거리에서 75번 국도를 이용해 목동-백둔로 연인산 방면-백둔로 560번길-백둔리 삼거리.

**산행코스**

백둔리 자연학교 입구 삼거리-장수고개-철쭉지대-정상-삼거리-백둔리 자연학교-백둔리 (5시간)

# 수락산 638m

경기 의정부시 · 서울 노원구

수락산도 예부터 보는 사람에 따라 상반된 평가를 받아온 산이라 볼 수 있다. 수락산은 구전에 의하면 태조가 서울을 등지고 있다고 '반역산' 이라는 설이 있고, 또 서울을 향해 고개를 숙이고 절을 한 형상이라 하여 서울의 '수호산' 이라 부르는 사람도 있다. 경기도에 위치한 단 하나있는 수락산을 두고도 이렇게 상반되는 평가를 내린다.

수락산은 사실 서울 근교에 위치해 있고 수호의 산이지만 등산객들의 발길은 뜸하다. 한 번쯤 가 볼 만한 곳이기는 한데 주저하는 이유는 산의 아름다운 경치 대부분이 경기도 남양주시 별내면에 집중돼 있기 때문이다. 비교적 이름난 유원지는 서울의 반대편에 있고, 부근에 있는 벽운동 유원지는 주변의 도봉산과 북한산에 눌리는 형편인 것이다.

산행은 망월사역에서 하촌으로 가서 석림사로 오르거나, 노원교에서 덕성여대 생활관 쪽에서 시작하는 코스를 택한다. 하촌에서 오르는 길은 가파른 편이고, 노원교에서 오르는 길은 철쭉이 가득하고 계곡이 맑다. 수락산의 온갖 진면목을 보고 싶다면 수락산 유원지로 오르는 것이 좋다.

입구에서 마당바위를 지나면 수락 8경에 꼽힌다는 옥류폭포, 은류폭포, 금류폭포가 줄을 잇고 있어 볼거리가 풍성하다. 정허거사가 불렀다는 '수락팔경水落八景' 이라는 작품도 전한다.

**교통편**

**대중교통 | 장수원 방면 :** 망월사역에서 하차하거나 의정부행 12, 13번 버스를 이용한다. / **수락산 유원지 방면 :** 의정부에서 유원지행 버스를 이용한다. / **벽운동 방면 :** 도봉역 하차.

**승용차 |** 서울시 노원구 쪽에서 의정부 방면으로 3번 국도를 타 다 상계동, 태능, 장수원 등지로 진입해 산행을 시작한다.

**산행코스**

**1코스 |** 당고개역-학림암-정상-수락산장-509봉-동막골-회룡역 (약 4시간 30분 소요)

**2코스 |** 망월사역-하촌-노강서원-석림사-정상-남릉안부-벽운동 (약 4시간 소요)

**3코스 |** 노원교-덕성여대생활관-시립양로원-정상-내원암-금류폭포-옥류폭포-사기막-수락산 유원지(약 5시간 소요)

# 연인산 1,068m

경기 가평군 북면 · 하면

가평군에 위치한 이 산은 산으로서는 아주 로맨틱한 이름을 가지고 있다. 연인산이라니. 원래는 우목봉과 월출산으로 불려 왔으나 가평군이 지명을 공모하여 1999년부터 연인산으로 바뀌게 된 것이라 한다.

각 능선에도 우정, 연인, 장수, 청풍 등의 사람들이 좋아할 만한 이름을 붙였다. 이 산이 연인산이라고 이름 붙여진 데에는 길수라는 청년과 그가 사랑했던 소정이라는 처녀의 이야기로 전해진데서 유래한다. 길수는 김참판댁 종으로 있는 소정을 사랑했다. 소정은 원래 종은 아니었지만 흉년을 넘기기 위해 쌀을 꾸어다 먹다가 종처럼 일하는 신세가 되었다.

한 번은 길수가 숯을 져오다가 눈길에 넘어져 김참판댁에서 병치료를 하다 둘의 사랑은 깊어갔고, 김참판에게 소정과 혼인하고자 밝힌 길수에게 김찬판은 조 백 가마를 내놓던가 아니면 숯가마터를 내놓고 이 고장을 떠나기로 약조를 한다.

길수는 조 백가마를 마련하겠노라 했지만 길수에게 조 백가마니가 있을 리가 없다. 고민하던 길수는 우연히 연인산 꼭대기에 조를 심을 수 있는 커다란 땅이 있음을 알게 되고, 그곳에 밭을 일구고 조를 심는데 그것이 꼭 아홉마지기였다.

그러나 김참판의 계략으로 길수는 역적의 자식이라는 누명을 쓰고 쫓기는 신세가 된다. 사흘만에 정

### 교통편

**대중교통 |** 상봉역에서 경춘선 전철 이용, 가평역 하차, 또는 청량리역 앞 환승정류장에서 가평 행 광역버스 이용. 가평터미널에서 수시 운행하는 백둔리 행 또는 용추 행 군내 버스를 이용한다.

**승용차 |** 1. 서울, 가평-연인산 : 46번 국도(청평방향)-대성리-가평읍-75번 국도(목동 방향)-목동-제령리-백둔교(좌회전)-백둔리

2. 서울, 가평-연인산(용추계곡) : 46번 국도(청평방향)-대성리-가평읍-75번 국도(목동 방향)-다리 건너 3거리(용추계곡 방향 좌회전)-승안리-용추계곡 주차장

### 산행코스

백둔리 자연학교입구 삼거리-장수고개, 깊은골 갈림길-장수 고개-철쭉지대-장수, 청풍삼거리-장수, 자연학교 갈림길-정상 -장수, 청풍삼거리-청풍협-버스종점 (5시간)

신을 차린 길수가 소정을 데리고 도망을 가고자 한밤중에 김참판댁으로 갔는데, 소정은 길수를 기다리다가 이승을 떠난 뒤였고, 길수는 자신의 희망이었던 조와 함께 불타기 시작했다. 그때 죽었다던 소정이 갑자기 나타나 홀연히 아홉마지기를 향해 간다.

다음날 아침 마을 사람들이 올라가 보니 두 사람은 간 곳 없고 신발 두 켤레만 놓여 있었는데, 신기하게도 신 발이 놓여 있는 자리 주위에는 철쭉나무와 얼레지가 불에 타지 않은 채 고스란히 남아 있었다고 한다.

연인산 산행은 상판리나 백둔리에서 시작하고 일반적으로 백둔리에서 많이 하는데 백둔리의 버스 하차 지점에서 출발한다. 안내표지판을 잘 따라 가다가 갈림길에서는 장수능선을 택하는 것이 수월하다. 정상에서는 거칠 것 없이 탁트인 조망을 구경할 수 있다. 북쪽에는 이 산의 모산이라 할 수 있는 명지산과 귀목봉이 있 고 동쪽에는 노적봉, 남쪽에는 칼봉과 용추구곡이, 운악산이 자리하고 있으며 서쪽으로는 종천이 흐르는 청계천 줄기가 마주 보여 말 그대로 명관 중의 명관이다.

하산은 장수 능선으로 내려와 청풍능선을 타고 용추계곡으로 가면 버스를 탈 수 있다. 그러나 용추계곡 산림 도로를 오를 때 계곡이 하도 많아 비가 온 뒤면 다소 위험할 수 있으므로 그 점도 주의하여야 한다.

# 용문산 1,157m

경기 양평군 용문면

용문산 하면 제일 먼저 떠오르는 것은 그 크기에 압도당하는 용문사의 은행나무이다. 우리나라에 생존하고 있는 은행나무 중에 가장 크고 게다가 가장 오래된 것으로, 나이는 1,100여년이 된 것으로 추정한다고 한다.

서울에서 하루 코스로 산행이 가능한 용문산은 교통권이 좋다는 이점이 있다. 먼저 용문산에 도착하여 일주문을 통과하면 장송이 가득한 숲길이 펼쳐진다. 등산로는 연수리에서 상원사로 넘어오는 길이 있으나 보통은 용문사에서 정상으로 돌아 마당바위계곡으로 하산하는 코스를 많이 택한다.

용문사 주차장을 기점으로 해서 30분 정도 오르면 용문사가 나타난다. 그곳에서 계곡을 따라 약 20분 오르면 갈림길이 나온다. 왼쪽은 상원사로 향하는 길이고 직진하면 정상으로 가는 길이다. 계곡을 건너 정상쪽으로 약 30분 가량 가면 우측으로 마당바위 가는 길이 나온다.

직진해서 계속 가면 험준한 절고개 바위길로 접어든다. 여기서 800미터 고지를 넘으면 잡목이 우거진 절벽과 숲이 연속된다. 혼신을 다해 오르면 정상까지 3시간 30분 가량 걸리는데 정상에서 바라보는 시야가 그야말로 선경이 아닐 수 없다.

하산은 오던 길로 되돌아 내려오면 된다. 산행은 대략 6시간 가량 소요된다. 은행나무와의 만남을 시작으로, 용문산의 진면목을 감상하러 산에 오르자.

### 교통편

**대중교통** | 전철 : 용산, 청량리, 회기역에서 중앙선 전철을 이용, 용문역 하차 또는 동서울 버스터미널에서 홍천행 직행버스 이용, 용문 하차 후 신점리 행 군내버스 이용, 종점 하차.

**승용차** | 서울-6번국도-양평-용문-신점리

### 산행코스

용문사 주차장-용문사-갈림길-마당바위-정상 신선바위-마당바위-용문사-용문사 주차장 (약5시간 소요)

# 운길산 610.2m

경기 남양주시 조안면

산에 오르다가 절에 있는 찻집에서의 차 한잔. 생각만해도 낭만적인 이러한 장면이 운길산 수종사에서 연출된다. 게다가 운길산은 산세가 완만해 부드럽고 순탄한 등산로를 가지고 있고 산 아래까지 시내버스가 연결되니 이보다 가족산행에 적합한 산이 있을까. 차와 탐방을 좋아하는 가족에게 추천해주고 싶은 산이 이번에 소개할 운길산이다.

수종사는 운길산 산 중턱에 꽃처럼 피어있다. 수종사라는 사찰 이름은 피부병 치료를 위해 유숙하게 된 세조 임금이 밤새 범종 소리를 듣고 그 소리가 난 곳을 찾아보니 18나한이 모셔진 토굴의 물 떨어지는 소리였다 해서 지어졌다는 이야기가 전해진다.

산행은 송촌리나 진중리에서 시작한다. 송촌리에서 송성골마을로 들어가 수종사에 들른 뒤 산신각 옆으로 500봉을 거쳐 정상에 오르거나, 요사채 앞에서 200m를 내려가 오른쪽 길을 따라 정상에 오른다. 정상에 서면 예봉산으로 이어지는 능선과 적갑산 등이 한 눈에 들어온다.

수종사에서 나와 북서 능선을 타고 쉬엄쉬엄 걸어 20분 정도 오르면 정상이다. 정상에서 하산길은 3가지로 올라온 길따라 되돌아 내려 가거나 수종사 지나 왼쪽으로 빠져 송촌리로 내려간다. 운길산은 가을 은행잎이 노랗게 물들 때나 우수수 낙엽이 떨어질 때 그 운치가 멋지다.

**교통편**

**대중교통 |** 용산, 청량리, 회기역에서 중앙선 전철을 이용, 운길산역 하차 또는 동서울버스 터미널 앞에서 양수리행 시내버스 이용, 운길산역 입구 하차.

**승용차 |** 구리시에서 도농3거리를 지나 6번 국도를 타고 양수 대교 앞에서 왼쪽 45번 국도로 진입. 이후 송촌리에서 좌회전 하면 수종사에 도착한다.

**산행코스**

송촌리-수종사-정상-463봉-새재고개-고대농장 (4시간)

# 운악산 936m

경기도 가평군 · 포천시

옛날에는 이 산을 일명 현등산懸燈山이라고 부르다가 운악산으로 이름이 바뀌었다고 하는데 주봉인 만경대해발 936m가 어찌나 높은지 구름을 뚫고 하늘 높이 솟아 있는 그 모습 때문에 운악산이라 부르지 않았나 생각될 정도이다. 운악산은 관악, 치악, 화악, 송악과 같이 오악五岳 중의 하나이다. 악岳은 구丘와 산山의 합자인데, 산 위에 또 작은 산 또는 언덕이 있는 큰 산이라는 뜻에 딱 알맞게 바위가 첩첩이다.

산 전체가 바위 산인지라 길이 아닌 곳은 다른 산에 비해 위험하다. 현등사 위의 철계단이 설치된 부근이 나 정상의 서쪽 아래 100m폭포 쪽은 간혹 사고가 발생하기도 하니 주의해야 한다. 바윗길을 철제계단을 타고 올라가면 아슬아슬한 스릴을 맛볼 수 있는 산이다.

앞뒷산의 협곡에서 반백리로 흘러가는 조종천 운악교를 건너 약 0.8km를 가면 현등사다. 여기서 현등폭포를 지나 약 20분 오르면 양갈래 길이 나온다. 우측은 철계단 사다리가 있는 암벽길이고 좌측은 절고개로 향하는 길인데 어느 길로 가도 정상까지 2시간 정도 소요된다.

하산길은 네 갈래가 있는데 정상에서 대원사와 절고개 길은 대체로 무난하다. 운주사나 강구교 길은 겨울에는  매우 위험하니 하산길로는 피하는 것이 좋다. 대원사 아래 길원목장에 이르면 산행이 끝난다.

### 교통편

**대중교통 |** 상봉역에서 경춘선 전철 이용, 청평역 하차, 청평터미널에서 현리 경유 상판리 행 군내 버스 이용, 운악산 입구 하차. 버스는 청량리역 앞 환승정류장에서 운악산 행 광역버스를 이용, 종점 하차. 길원목장 또는 운주사 방향은 상봉터미널에서 일동 행 직행버스, 신팔리에서 시내버스를 이용.

**승용차 |** 1. 서울, 청평 : 운악산: 구리 - 46번 국도(청평 방향) - 대성리-청평-조종교 3거리(좌회전) - 37번 국도(현리 방향)-현리 3거리(우회전) - 387번 지방도(상판리 방향) - 하판리 - 운악산 주차장

2. 서울, 구리-운악산 : 47번 국도(포천 방향) - 퇴계원 - 진접 -  내촌-평촌리 - 신팔리 4거리 - 운악산휴게소-길원목장-운주사 입구

### 산행코스

하판리-현등사 - 현등폭포 - 양갈래길-철계단 사다리 - 운악산 정상(만경대) - 사거리안부-대원사 -길원목장 (약 4시간 30분 소요)

# 유명산 862m · 소구니산 800m · 중미산 833.9m

경기 가평군 설악면 · 양평군 옥천면

산의 이름이 유명산으로 알려지게 된 것은 1973년 엠포르산악회가 국토자오선종주를 하던 도중에 당시 전혀 알려지지 않았던 이 산을 발견하게 되어 산악회 대원 중 진유명이라는 여성대원의 이름을 따서 붙이게 되면서부터다.

그러나 동국여지승람에 산 꼭대기에서 말을 길렀다고 해서 마유산이라 불린다는 기록이 전해지므로 유명산은 잘못된 이름이라는 주장도 있다. 유명산은 현재 지명이 '마유산' 으로 변경되는 안이 산림청을 거쳐 국립정보지리원에서 지명 변경 심의 중에 있어서 곧 '마유산'으로 불릴 것이라 예상된다. 산행 출발지는 설악면 가일리와 옥천면 신복리 두 곳이 있는데 가일리에서 곧바로 능선을 타고 정상에 올랐다가 계곡으로 하산하는 길이 가장 빠른 길이고 대표적인 코스다.

그 밖에 가일리에서 선어치 고개를 넘어 소구니산으로 해서 오르는 길과 신복리에서 대부산을 거쳐 오르는 길도 있는데, 특별히 산행을 즐기는 사람이나 호젓한 길을 가고 싶은 경우에나 권하고 싶다. 정상에서 서편으로 가깝게 보이는 것이 소구니산이다.

하산은 오른쪽 어비산쪽을 향해 내려가다 계곡이 흐르는 갈림길에서 왼쪽으로 접어든다. 유명산 계곡으로 가는 길 양편에는 기암절벽이 있고 나무도 울창하다. 정상에서 계곡 입구까지 하산에 걸리는 시간은 두 시간이면 충분하다.

### 교통편

**대중교통 |** 전철: 상봉역에서 경춘선 전철 이용, 청평역 하차, 또는 청량리역 앞 환승정류장에서 청평 행 광역버스 이용, 청평버스터미널에서 가일리 행 군내버스 이용. 종점 하차.

**승용차 |** 경춘국도 청평 팔각정 휴게소에서 설악방면으로 접어들어 청평댐을 건너 37번 국도를 타고 가면 청평호반 유원지를 지나 신천리에 도착한다. 여기서 남쪽 도로로 12km 정도 달리면 유명산 종합주차장이다.

### 산행코스

**1코스 |** 가일리 주차장-매표소-오른편 능선-정상-오른쪽 능선-갈림길 왼쪽 계곡-유명산 계곡-가일리(약 3시간 30분 소요)

**2코스 |** 가일리 주차장-선어치고개-소구니산-정상-유명산계곡-가일리(약4시간소요)

# 인왕산 338.2m

서울 종로구 · 서대문구

"인왕산 그늘이 강동 팔십리 간다. / 인왕산 모르는 호랑이 있나. / 인왕산 중허리 같다. / 인왕산 차돌을 먹고 살기로 사돈의 밥을 먹으랴?"

속담이라는 것은 우리네의 생활 속에서 자연스럽게 생긴 것으로 우리의 가치관이 담겨 있고 지혜가 담겨 있는 소중한 문화유산이다. 서울 시내에 많은 산들이 있지만 이처럼 많은 속담을 가진 산은 인왕산 밖에 없다. 아마도 북한산이나 불암산 등 신비감 있는 산도 아니요, 또 지나치게 특색이 없는 것도 아니요, 자신만의 독특한 매력을 가진 산이었기 때문일 것이다.

인왕산은 호랑이를 닮았다. 흔히 명당의 조건으로 좌청룡, 우백호, 남주작, 북현무를 꼽는데, 조선을 건국하고 도읍을 정할 때 경복궁을 남향으로 지었으므로 서울 전체의 지형을 놓고 보면 인왕산은 우백호에 해당한다.

인왕산은 전체적인 산세를 볼 때 흡사 호랑이가 웅크리고 있는 모양새를 하고 있다. 앞서 '인왕산 모르는 호랑이 없다' 라는 속담이 등장할 정도로 실제로 인왕산에는 수많은 호랑이들이 살았다고 한다. 지금이야 인왕산하면 서울 한복판의 나무 하나 없는 바위산이지만, 옛날에는 호랑이가 득실거리는 곳이었다고 하니, 인왕산 호랑이의 기운이 대한민국 곳곳에 퍼졌으면 하는 바람이 든다.

**교통편**

**대중교통** | 3호선 전철을 타고 경복궁역에서 내려 사직공원까지 걷는다. 독립문역이나 무악재역 사이 무악재에서 시작한다. 시내버스를 이용할 때는 서대문행을 타고 사직공원에서 내린다. 부암동길은 청와대 고개 너머 한 정거장 뒤에서 내린다.

**산행코스**

**1코스** | 사직터널-성터-정상-자하문(약 2시간 소요)

**2코스** | 사직공원 입구-약수터-정상-청운동, 세검정, 문화촌 (약 2시간 소요)

# 종자산 643m

경기 포천시 · 연천군

지장봉, 관인봉 등 아름다운 산이 많은 포천시 최북단 관인면의 지장봉의 남쪽에 '종자산'이 위치하고 있다. 높이는 643m이다. 한탄강을 끼고 병풍처럼 솟은 모양을 하고 있는데, 향로봉, 삼형제봉, 화인봉, 지장봉과 능선으로 이어지고 있다. 포천에서 유일하게 싸리나무 군지가 있어 유명한 산이기도 하다. 전체적인 산의 형세는 굉장히 날카로운 모양을 하고 있다.

북동쪽 능선을 따라 올라가면 기암 괴석들이 늘어서 있고, 아찔한 단애가 있는 기암지대가 나타난다. 한탄강의 하얀 물줄기와 드높게 솟은 절벽이 어울려 멋진 경치를 드러내 보인다.

'종자산' 이라는 이름의 유래는 다음과 같은 전설과 관련이 있다. 옛날에 3대 독자 부부가 대를 이을 자식을 낳지 못해 고심하던 중이 산 중턱에 있는 굴 속에서 백일기도를 올린 후 아기를 낳게 되어 종자산이라 칭하게 되었다고 한다.

실제로 종자산 어귀에는 석굴이 있는데 아기를 낳지 못하는 여인들이 기도하여 영험을 본다고 전하는 석굴이 있다. 석굴은 높이가 20여미터 이상 되는 대규모의 아치형 석굴인데 비해 종심은 기껏 몇 미터에 지나지 않는 얕은 굴이다. 간절한 소망과 간절한 기다림은 하늘도 감동시킨다는 이야기들이 전해오는 이유가 바로 여기에 있을 것이다. 그래서 종자산이 주는 이미지는 '기다림' 과 '소망' 이다.

### 교통편

**대중교통 |** 서울-포천: 포천으로 가서 버스를 갈아탄다. 서울 상봉터미널-포천(1시간 20 분) 포천에서 중2리 마을회관까지 1일 4회 운행하는 60-1번 버스 이용. 송우리 주공에서 관인면까지 1일 12회 운행하는 버스이용. 포천-중리행 버스(늘거리 하차 55분 소요)

**승용차 |** 서울, 의정부-종자산:43번 국도(포천방향)-포천시-신장3거리(광명휴게소, 연천,전곡방면 좌회전)-37번 국도-오가리 3번지(우회전)-87번 국도(관인 방향)-늘거리(종자산)

### 산행코스

**1코스 |** 늘거리-굴(종자바위)-570봉-430봉-문암동-문배들-늘거리(약3시간)

**2코스 |** 늘거리-굴-바위지대-기암절벽지대-정상-북쪽 능선-바위봉-서북능선(억새밭)-공터-지장산 입구 간이 주차장(약 3시간 30분)

# 천마산 812m

경기 남양주시 화도읍 · 오남읍 · 호평동

흔히 사람들에게 천마산은 산행지라기보다 유원지에 가깝다. 산기슭에 자리 잡은 천마산 심신수련장, 상명대학교 수련관의 각종 연수원과 수련장, 서울 근교 레저시설인 남쪽 기슭의 천마산 스키장 등산 자체 보다는 저 마다의 놀이를 즐기기 위해 방문하는 산으로 인기가 높기 때문이다.

또한 천마산에서 꼭 들를 곳은 유서 깊은 사찰 보광사이다. 신라 진성여왕 3년 894년에 도선국사가 창건한 것으로 한국 전쟁 때 소실되어 재건할 당시에는 초라한 암자에 불과했지만 요근래 중축한 이후로는 의젓한 사찰다운 면

모를 뽐낼 수 있게 되었다. 천마산 정상에 오르는 데서 만나는 험한 비탈길은 이마의 땀을 훔치게 하며, 멸도봉에서 정상에 이르는 암릉은 겨울날이면 얼음이 끼어 아이젠이 있어도 미끄러울 만큼 쉽지 않다.

등산은 호평리, 마석, 가곡리 등에서 시작하는데 가곡리 보광사로 올라 화도읍 천마산 심신수련장으로 내려오는 길이 대표적이다.

가다보면 개울가에서 사람들이 두셋씩 모여 돌맹이를 들어내고 식용으로 쓸 개구리를 잡기도 한다. 겨울철에도 돌맹이를 들어내면 여기저기서 개구리가 튀어나온다. 생태계 보호를 위해 법으로 금지하고 있는 일이지만 그런 풍경을 볼 수 있을 정도로 개구리가 많은 것을 보면 주변의 물이 맑고, 깨끗한 농원이 있다는 걸 알 수 있다.

### 교통편

**대중교통 |** 전철은 상봉역에서 경춘선 전철 이용, 마석역 하차, 또는 청량리역 앞 환승정류장에서 호평동 상명여대 생활관 행 시내버스 이용, 종점 하차. 가곡리 방면은 765번 좌석버스, 내방리 행 30번 시내버스를 이용

**승용차 |** 서울 망우동에서 춘천행 46번 국도를 타고 미금으로 들어가, 평내동에서 북쪽 호평동 쪽으로 올라가면 버스 종점이 나온다.

### 산행코스

**1코스 |** 가곡리-보광사-멸도봉(795봉)-정상-고개-천마산수련장-직동(약 4시간 소요)

**2코스 |** 호평동 버스종점-상명대 생활관-천마의 집-정상-멸도봉(795봉)-보광사-가곡리(약 4시간 소요)

# 청계산 658.4m

경기 양평군 서종면 · 양서면

청계산은 동쪽으로 용문산과 북쪽으로 중미산이 있고, 남쪽으로는 남한강이 흘러 전망이 매우 좋은 산으로 알려져 있다. 그러나 산이 크지 않고 교통이 불편해 수도권 일대 세 개의 청계산 중 가장 알려지지 않은 곳이다.

호젓한 산행을 즐기고 싶다면 한 번쯤 찾아볼 만하다. 등산로는 양서면의 국수에서 북쪽의 능선을 따라 가는 것과 청계리 반월형에서 북쪽 계곡길을 따라 오르는 방법, 또는 목왕리에서 형제봉을 지나 정상에 오르는 길, 이 세 가지가 있다. 먼저 가장 빠른 목왕리 코스부터 살펴보기로 하자.

목왕리 버스종점에서 인가로 걸어 들어가면 높이 솟은 장송이 보인다. 그 앞으로 나 있는 능선길을 걷다 보면 형제봉에 이른다. 여기서 왼쪽의 정상으로 가는 능선을 따라 몇차례 오르내리는 바윗길을 지나면 전망이 확 트이면서 정상에 닿는다.

다음으로 반월형 마을에서 오를 경우에는 마을 뒤에서부터 오르기 시작해 계곡을 지나 가파른 능선을 지나면 곧 정상이다. 세번째, 국수에서는 정자동 샘을 지나 북쪽 능선으로 계속 올라가면 509봉이 나오고 정상까지는 곧장 올라가면 된다. 이 때는 식수를 준비하도록 하자.

하산은 북쪽 능선으로 가파른 길을 내려간다. 이곳에서 왼쪽 계곡으로 내려가면 목왕리마을이다. 동쪽 능선을 따라 반월형마을로 하산해도 된다.

## 교통편

**대중교통 |** 상봉터미널에서 양평행 완행버스를 타고 복포리에서 하차하거나 목왕리행 버스(1일 3회 운행)를 탄다. 청량리역에서 중앙선 전철을 타고 국수역에서 하차해도 된다.

**승용차 |** 서울, 양평-청계산: 6번 국도(양평방향)-팔당-양수리-국수리 3거리(좌회전)-증동리-고현마을

## 산행코스

**1코스 |** 목왕리-형제봉-정상-북릉안부-샘-목왕리(약 3시간 소요)

**2코스 |** 반월형마을-주능선-정상-형제봉-목왕리(약 3시간 소요)

**3코스 |** 국수역-정자동샘-509봉-정상-안부-샘-목왕리(약 4시간 30분 소요)

# 축령산 876m · 서리산(상산) 825m · 오독산 621m · 은두봉 678m · 깃대봉 623.6m

경기 가평군 상면 · 남양주시 수동면

축령산은 서울에서 가까운 거리에 있으며 수려한 산세를 지닌 산 임에도 불구하고 주변에 있는 천마산, 운악산, 깃대봉 등이 워낙 유명한 탓에 아직은 한적함을 지니고 있다. 가평팔경 중의 제7경인 축령백림이 이산기슭에 자리잡고 있다. 특히 가평군 상면 일대의 잣나무숲은 여느 산에서는 찾기 힘든 아늑하면서도 독특한 분위기를 간직하고 있어 한적한 가족 산행코스로 좋다. 또한 정상에서 전자동마을로 이어지는 능선길은 전망이 좋은데다 아기자기한 산행까지 즐길 수 있는 좋은 코스다.

산행은 전자동에서 시작하여 전지라골을 타고 억새군락이 있는 고개로 올라선 다음 축령산 정상을 경유, 남이바위, 독수리바위가 있는 능선을 타고 다시 전자동으로 내려서거나, 또는 상산일명 서리산과 연결하여 오른다. 그러나 이 코스들은 축령산을 상징하는 잣나무숲을 볼 수 없다는 것이 단점이다. 축령산이 자연 휴양림으로 이름나 있는 것은 국내 최대로 알려진 바로 이 잣나무숲 덕분이다.

그러므로 잣나무 단지를 경유하려면 전자동과 정 반대 방향에 있는 가평군 상면 임초리에서 산행을 시작해야 한다. 비포장 길을 따라 10여분 올라가면 산길은 개울을 건너 숲 속으로 들어선다.

숲 속에 들어가면 잣나무향이 은은하게 풍겨온다.

**교통편**

**대중교통 |** 상봉역에서 경춘선 전철 이용, 또는 청평, 가평 행 광역버스 이용, 마석역 하차 후 축령산 휴양림 행 환승, 종점 하차. 청량리역 앞 환승정류장에서 내방리 행 30번 시내 버스를 이용, 축령산 입구에서 축령산 행 버스로 환승.

서울-임초리 : 청량리역 앞 환승정류장에서 청평 경유 현리 행 광역버스 이용, 임초리 하차.

**승용차 |** 1. 서울, 가평-축령산 휴양림:구리-46번 국도(청평 방향)-대성리-청평-조종교 3거리(좌회전)-37번 국도(현리 방향)-덕현

리-아침고요수목원 입구 3거리(좌회전)-행현리-임초리
2. 서울, 마석-축령산 휴양림 : 구리-46번 국도(청평 방향)-마석역 4거리(좌회전)-387번 지방도(수동 방향)-수동 3거리(좌회전)-석고개-내방리 3거리(우회전)-축령산 휴양림 주차장

**산행코스**

**1코스 |** 임초리-갈림길-상산정상-절고개-축령산정상-남이고개-전지라골(약 5시간 30분 소요)
**2코스 |** 임초리-상산-축령산-수레넘이고개(약 6시간 소요)

개울에서 10분쯤 떨어져 있는 잣나무단지 관리사무소에서 산길은 둘로 나뉜다. 관리 사무소를 지나 오른쪽 계곡으로 올라가면 상산서리산 정상으로 올라가게 되고, 능선에 서남동쪽으로 산행을 하면 축령산 정상으로 올라서게 된다.

상산의 정상은 나무하나 없어 막힘없이 조망할 수 있다. 동남쪽으로 있는 축령산이 아주 가깝게 보인다. 축령산을 향해 잣나무숲인 주릉선을 따라 내려간다. 계속 가다보면 절고개에 이른다.

이곳은 가을이면 억새풀로 가득하여 장관을 이룬다. 절고개 십자로에서 남동능선을 따라 계속 가면 축령산 정상에 이르는데 암봉이다. 정상에 서면 주변의 산들이 연릉으로 펼쳐져 있는 것이 보인다.

하산길은 서남쪽으로 이어진 암릉을 따라간 다. 왼편은 벼랑을 조심하면서 계속 가다보면 남이바위를 만난다. 여기서 오른쪽 길로 접어들어 전지라골로 하산한다.

# 화악산 1,468.3m · 중봉 1,450m · 애기봉 1055m

경기도 가평군 북면

화악산의 위치는 그야말로 절묘하다. 강원도와 경기도를 가르는 분기점에 우뚝 솟아 있으며, 한반도의 정중앙에 그 정상이 자리하고 있다. 그야말로 풍수적으로 한국의 심장이라 불릴만한 대길복지 명당에 위치해서인지 경기도에서 가장 높은 산이며, 경기 5악중에 으뜸으로 불린다.

화악산 정상은 예전에는 신선봉이라 불렀다는 이야기도 전해지나, 국립지리원발행 지형도에도 그렇고 이곳에서 오래 산 토박이 주민들에게 중봉이라 부르고 있다. 아마도 한반도 중심에 서 있다는 자부심을 나타내기 위해서

가 아닐까.

산행기점은 경기도에서 청정지역으로 소문난 가평리 상류 관청리 마을이다. 마을동쪽으로 흐르는 큰 골을 따라 산행을 한다. 계곡길을 타고 1시간 20분 정도 가는 도중에 합수점을 3번 만나게 된다.

잣나무 수림 속 능선을 따라 오르면 산판실이 나오고, 거기서 소나무 군락지대를 뚫고 1시간 30분 정도 더 가면 중봉이다. 중봉에 올라서면 산 자체의 덩치에 우선 놀라고 조망에 또 한번 놀라게 된다. 서남쪽으로 펼쳐진 시계가 거의 100km에 달해 중서부지역 대부분의 산들을 바라볼 수 있기 때문이다. 우선 북으로 석룡산과 국망봉 너머로 백운산 및 광덕산이, 동으로는 촉대봉 줄기 너머로 오봉산과 사명산 줄기가 파도를 이루는 바다인 양 바라보인다.

남으로는 애기봉과 수덕산 줄기를 중심으로 왼쪽의 삼악산, 오른쪽의 가평천, 그 뒤로 명지산 줄기가 발 아래로 내려다 보인다.

겨울 산행에서는 눈꽃 능선과 안개가 어우러져 한 폭의 동양화처럼 은은한 분위기를 맛볼 수 있다. 중봉에서 애기봉으로 이어지는 능선은 매우 가파르지만 작은 암봉과 암릉이 있어서 아기 자기한 면이 있다. 애기봉에서 애기고개까지 이어지는 능선을 올라도 좋고 시간이 없다면 중봉까지만 갔다가 왔던 길을 되돌아 도대리 마을로 하산한다.

산행이 끝나면 적목리 가림마을에 들러 신비한 약효를 자랑하는 가림 약수를 맛보는 것도 좋다.

**교통편**

**대중교통** | 상봉역에서 경춘선 전철 이용, 가평역 하차, 또는 청량리역 앞 환승정류장에서 가평 행 광역버스 이용. 가평터미널에서 수시 운행하는 화악리 행 군내 버스 이용 화악2리 하차. 오동골,관청리, 적목리 방향은 가평버스터미널에서 수시 운행하는 적목리 행군내 버스 이용.

**승용차** | 서울, 가평-차돌박이산: 46번 경춘국도를 이용, 가평읍에서 75번 국도(목동 방향)를 이용, 목동-도대리-익근리-관청리

**산행코스**

관청리 보건진료소-화악산 중봉-갈림길-관청리 보건진료소(5시간 40분 소요)

# 강원

산에는 질서와 휴식이, 그리고 고요와 평화가 있다.
산은 모든 것을 받아들인다. 안개와 구름,
달빛과 햇살을 받아들이고,
새와 짐승들에게는 깃들일 보금자리를 베풀어 준다.
산은 거부하지 않는다. 자신을 할퀴는 폭풍우까지도
마다하지 않고 너그럽게 받아들인다

# 가리봉 1,519m · 주걱봉 1,401m

강원도 인제군 북면 · 인제읍

산행 시작은 한계령 휴게소에서 한다. 여기서 차도를 따라 오색 쪽으로 50m 정도 내려가다가 오른쪽 능선으로 놓인 나무계단을 오른다. 한참 오르면 천연기념물 보호비가 나오는데 이 능선만 따라 계속 가다보면 973봉을 지나서 조릿대 숲을 통과하게 된다. 그리고 필례약수로 가는 방향이 표시된 허름한 푯말이 나온다. 여기서 계류를 건너 오른쪽의 계곡 길을 오르면 필례령 능선이다. 이어 1082봉을 지나서 1228봉 근처에 도착하게 되는데, 이곳을 넘으면 가리봉까지 2시간이 소요된다. 정상에 올라서면 사방의 봉우리며 능선이 한눈에 들어와 전망이 좋다.

마치 쇠뿔을 세워놓은 것 듯한 바위봉인 삼형제봉 촛대봉과, 서울의 인수봉을 그대로 옮겨놓은 듯한 주걱봉이 우뚝 서 있는 서북쪽 조망은 특히 뛰어나다.

가리봉에서 하산하는 길은 남서쪽 능선을 따라 소가리봉이라고도 불리는 1333봉을 거쳐서 안가리산으로 내려가는 길과, 주걱봉을 지나서 느아우골로 내려가거나 삼형제봉을 거쳐서 쇠리로 가는 길이 있다.

주걱봉으로 하산하는 길은 암봉을 몇 차례 넘고 아슬아슬한 바윗길을 지나야 하므로 산행 전에 충분한 준비를 해야한다. 한계령에서 출발하여 가리봉 정상을 오른 후에 주걱봉을 거쳐 느아우골로 하산하는 경우 소요시간은 7시간 정도이지만 눈이 많은 시기에는 산행시간을 넉넉히 잡아야 한다

## 교통편

**대중교통** | 서울 상봉시외버스터미널에서 속초행 직행버스를 이용하여 원통이나 장수대에서 하차한다. 원통에서 시내버스를 타고 쇠리민박촌에서 하차하거나 택시를 이용 하여 한계령까지 간다.

**승용차** | 서울 망우리고개-6번 국도-양평에 이르러 44번 국도-한계리 민예단지 휴게소 앞 삼거리-양양방면 44번 국도-제 1, 2옥녀교-제1, 2장수교-장수대-한계령

## 산행코스

한계령 휴게소-천연기념물 보호비-필레령-정상-주걱봉-주걱봉 안부-옥녀탕(약 7시간 소요)

# 가리왕산 1,561m · 중왕산 1,376m

강원도 평창군 진부면 · 정선군 북평면 · 정선읍

강원도 평창, 정선 2개 군을 아우르며 우뚝 솟은 가리왕산. 멀리서 바라보면 산세가 흡사 곡식을 쌓아 놓는 낟가리를 닮았다하여 붙여진 이름이 가리왕산이다. 가리왕산은 주변의 산보다도 높고 규모가 크면서도 비교적 완만한 능선으로 이어지지만, 워낙 수목이 울창한 탓에 초보자가 오르기에는 만만치가 않다. 산행을 시작한 지 3시간 정도면 정상에 오를 수 있다.

맑은 날에 오르면 산꼭대기에서 상봉과 중봉을 지나 동해바다가 건너다 보이고 남쪽으로는 회동계곡으로 맑은 용탄천이 흘러 절경을 이룬다. 하산은 중봉을 거쳐 숙암리 쪽으로 내려가거나 회동리의 어은골로 내려가면 되는데, 회동리 휴양림 쪽으로 내려가면 용탄천의 맑은 물에 사는 희귀종인 열목어도 볼 수 있다. 가리왕산의 정상에서 넓고 평탄한 길을 따라 1,456봉에 이르러서는 서릉을 향해 간다.

경사가 심한 길을 오르면 중왕산이다. 동쪽으로 가리왕산의 정상이 비껴서 있다. 여기서는 남서능선을 따라 가다가 1,160봉에서 급경사의 아래로 내려가면 도치동이고, 곧 하안미리 마을이다. 8시간 정도가 소요되는 산행이다.

시간적인 여유가 있다면 약 20km 정도 떨어진 화암리에 들러볼 수도 있다. 동면 부근에는 화암약수가 있는데 피부병, 위장병, 안질 등에 효험이 있다고 한다. 그리고 화암약수를 비롯해 화암종유굴, 몰운대, 소금강 등의 화암8경이 유명하다.

### 교통편

**대중교통 |** 동서울터미널에서 직행버스를(1일 4회) 타고 정선까지 가서 다시 회동리나 숙암리행 시내버스를 이용한다. 평창이나 대화에서 백일동까지 택시를 타고 가서 중 왕산을 거쳐가는 코스도 생각해 볼 만하다.

**승용차 |** 서울-이천간 중부고속도로 이후 영동고속도로로 하진부까지 와서 59번 지방도로 나전을 거쳐 42번 국도로 정선에 이르러 424번 지방도로 회동까지 간다.(약 3시간 30분 소요)

### 산행코스

**1코스 |** 장구목이골-능선-임도-정상(약 5시간 소요)

**2코스 |** 장구목이골-능선-정상-절터-어은골-회동리(약 6시간 소요)

**3코스 |** 회동리-어은골 입구-절터-능선-정상-마항치-중왕산-도치동(약 8시간 소요)

# 가칠봉 1,240.4m · 갈전곡봉 1,204m

강원도 홍천군 내면 · 인제군 기린면

강원 양구군과 인제군의 경계에 자리하여 도솔산, 가리봉 등과 함께 태백산맥 중앙부의 일부를 이루고 있는 가칠봉은, 태고의 원시림 속에 숨겨진 오지의 산이다. 대중교통을 이용하여 가칠봉을 찾으면, 가장 먼저 만나는 것이 산자락에 위치한 삼봉약수이다. 가칠봉 등산의 가장 큰 묘미라 할 수 있는 '물 맛' 을 경험해 볼 수 있는 이 약수는 가칠봉 이외의 더덕봉, 사삼봉의 3개의 봉우리로 둘러싸인 곳에 있어 삼봉약수라는 이름이 붙었다.

가칠봉에서 북동쪽으로 난 갈전곡봉은 우뚝한 느낌은 거의 없다. 그 이유는 두 가지로 볼 수 있는데, 숲으로 가려져 전망이 좋지 않고, 서쪽으로 1,200~1,400m대의 우람한 가지 줄기가 뻗어 있기 때문일 것이다.

대표적 오지마을의 하나인 조경동은 아침가리의 한자말 이다. 산이 워낙 깊어 아침에 잠깐 드는 볕에 밭을 간다 해서 '조경朝耕' 인 것이다.

또한 이곳은 한국전쟁 당시 가장 치열한 격전이 벌어졌던 곳이기도 한데, 가칠봉 전방의 일명 김일성 고지라고 불리는 곳은 쌍방이 차후 작전을 위해 필히 확보해야 할 중요한 고지로 이를 차지하기 위한 과정에서 인명피해가 많았다하니 현대사의 아픔을 생각하며 그 뜻을 기리는 마음을 가져보는 것도 의미 있는 일이라 생각된다.

### 교통편

**대중교통** | 홍천에서 약 1시간마다 운행하는 창촌 직행버스로 종점인 삼봉 약수 입구 샘골에서 내린다. 여기서 약수까지 약 4km는 걸어들어 간다. 서울 상봉터미널과 춘천 및 원주에서는 홍천행 버스가 수시로 있다.

**승용차** | 서울, 홍천 - 가칠봉 : 6번 국도(양평 방향) - 양평-44번 국도(홍천 방향) - 홍천-구성포4거리(우회전)-56번 국도(서석 방향) - 서석 - 율전 - 창촌 3거리(좌회전) - 명개교 3거리(좌회전:삼봉약수 방향) - 구룡령

### 산행코스

**1코스** | 삼봉약수터입구 - 자연휴양림 - 약수터 - 가칠봉정상약수터-자연휴양림-입구(약 4시간 소요)

**2코스** | 구룡령 - 1100봉 - 갈전곡봉-가칠봉 - 약수터 - 자연휴양림(약 4시간 30분 소요)

# 계방산 1,577m · 소계방산 1,456m

강원 홍천군 내면 · 평창군 용평면

강원도 평창군과 홍천군 사이에 위치한 계방산은 한라산, 지리산, 설악산, 덕유산에 이어 남한에서 다섯 번째로 높은 산이다. 높기도 하거니와 기온이 낮아서 3월이 다가도록 눈이 쌓여 있어 봄 속의 겨울을 만끽할 수 있는 산이다. 산세가 설악산 대청봉과 비슷하며, 최근 들어 이 일대가 생태계 보호지역으로 지정될 만큼 환경이 잘 보호되어 있는 곳이다.

계방산은 해발 1,577m나 되는 높은 산이지만 해발 1,089m의 고지대, 계방산의 설경 대인 운두령에서 등산을 시작하기 때문에 산행에 부담이 없다는 점이 이 산의 매력이다. 게다가 바위가 많은 악산岳山이 아니라 흙이 많은 육산陸山이라 산세가 완만하고 등산로가 아기자기하다.

계방산의 한줄기인 운두령 고개의 동북쪽 가파른 언덕으로 산행은 시작된다. 한참 오르다보면 넓은 공터가 나오고 또 오르면 1,166m고지가 나온다. 약 30 분쯤 더 가면 낙타 등처럼 생긴 능선이 둥글게 떠오른다. 1,400m고지를 올라서면 그야말로 한 폭의 그림이다. 3시간 정도 오르면 정상에 도달한다.

하산길 1코스는 정남쪽 바로 아래 계곡길이고, 2코스는 동북쪽 능선을 따라 1,452m봉을 지나 30분쯤 가다 우측으로 어어지는 이승복 생가길, 3코스는 약 20분쯤 더 가서 산죽밭으로 내려간다. 3코스는 시간도 길고 길도 보일 듯 말 듯하여 대부분 등로와 풍광이좋은 1, 2코스를 많이 선택한다.

**교통편**

**대중교통** | 서울 상봉터미널에서 30분 간격으로 진부행 버스가 출발한다. 진부에서 홍천행 버스는 시간마다 출발하며, 운두령에서 하차한다.

**승용차** | 영동고속도로를 이용해 속사 IC를 나와 좌회전해서 운두령 방향으로 31번 국도를 이용하면 이승복 기념관을 거쳐 운두령 정상에 닿을 수 있다.

**산행코스**

운두령-1166봉-1492봉-정상-안부-이승복 집터-노동리 마을-삼거리교 (약 5시간 소요)

# 계족산 890m

강원도 영월군 영월읍

계족산에는 정양산성이 있다. 삼국시대에 온달산성, 태화산성과 함께 쌓은 것으로 추정 된다고 하니 그 때로부터 1500여년의 세월이 지난 셈이다. 정양산성은 대부분 천연의 절벽을 성벽으로 삼았고 필요한 부분 만에 인공의 성벽을 축조했다.

정양산성이 있어서인지 계족산의 다른 이름은 정양산이다. 정상부에서 흘러내린 산자락이 닭의 발처럼 생겼다고 하여 계족이라는 이름이 붙었다. 산행은 영월화력발전소에서 조금 지나 정조대왕 태실비가 있는 정양리 마을에서부터 시작하며 이 마을 앞 밑으로 난 가래골 계곡을 따라가면 얼마 안가서 조그마한 폭포를 만난다. 이 폭포에서 왼쪽 언덕길을 따라 오르면 옛 집터가 나오고 이 집터를 지나면 바위덩이가 앞을 가로 막는다. 이 바위를 조심해서 오르며 계속 능선길을 가면 정상에 도착하게 된다.

계속 남쪽으로 난 능선길을 따라서 가면 왕검성터를 만나게 되고 그리고 정양리 마을로 내려 가면 된다. 정양산성에 오르니 여기서 돌을 쌓다 아래를 내려다보며 달콤한 휴식을 취했을 고구려인들이 그려진다. 정양산성 동북쪽 성벽, 남서쪽 성벽, 성의 꼭대기 부분에서 내려다보는 정양리 마을의 풍경이 좋다. 보수할 필요도, 복원할 필요도 전혀 없는 살아있는 역사를 느낄 수 있는 곳이다.

**교통편**

**대중교통 |** 서울에서 영월까지 고속버스를 이용하고 영월시내버스 터미널에서 하동발 시내버스를 타고 정양마을로 간다.

**승용차 |** 중앙고속도로를 타고 서제천 IC로 진입한 다음 38번 국도를 이용한다. 영월에서 동강교를 지나 88번 지방도를 타고 가다 보면 정양마을에 도착한다.

**산행코스**

정양마을-왕검성-정상-계족 산성-남서릉-가래골-정양마을(약 3시간 30분)

# 고루포기산 1,238.3m

강원도 강릉시 · 평창군

백두대간은 1,400km를 한 번도 잘리지 않고 연속되어 우리 국토의 등뼈를 이루며, 14개의 큰 산줄기와 수 많은 작은 산줄기로 나뉜다. 그 작은 산줄기 중 하나가 고루포기산이다. 높이는 1,238.3m. 백두대간 주능선에 솟아있는 산으로, 북서쪽의 빗면은 한때 대관령 스키장이 있었던 곳이다.

대관령에서 시작하여 능경봉을 타고 횡계현을 지나 고루 포기산 정상에 오를 수도 있고 횡계리에서 솔바우를 지나 고루포기산에 오를 수도 있다. 고루포기산 정상, 그 정상에 도착하면 사방으로 시야가 확 트여 그야말로 조망이 막힘이 없다고 할 수 있다.

단지 아쉬움이라면 무식한 송전탑이 정상 바로 직전과 직후에 세워져 있다는 것, 그리고 그 송전탑을 세우기 위해 산판 길을 낸 것, 그것은 아쉬움이라기보다는 안타까움에 가까우리라!

하산은 10분 거리의 오목골 삼거리까지 돌아온 후 오목골로 하산하는 것이 정석으로 되어 있다. 급경사의 내리막길, 역시 눈이 많이 쌓여 있어 뛰다시피 내려서면 약 12분 만에 오목골에 내려설 수가 있고, 이제 편안한 오목골을 따르기만 하면 된다.

오목폭포도 있고, 제법 계곡미를 갖춘 오목골이라지만 눈 쌓인 겨울만큼은 동면을 하고 있는 느낌이다. 뿐만 아니라 주위에는 이승복 기념관이나 보물 165호로 지정된 조선초기의 목조건물로 지정된 오죽헌 등 문화재도 구경할 만하다.

### 교통편

**대중교통 |** 서울-횡계리 : 서울 동서울종합터미널에서 횡계 경유 강릉행 직행버스 이용, 횡계 하차.

**횡계-대관령 :** 택시이용(횡계개인콜택시 : 033-335-6263, 용평 콜택시 : 033-335-6015)

**승용차 |** 영동고속국도-횡계 IC-456번지방도-횡계리

### 산행코스

**1코스 |** 대관령-능경봉-횡계현-고루포기산(정상)-갈림길-오목골-독가촌(약 5시간 30분)

**2코스 |** 횡계리-솔바우-주능선-전망대-고루포기산(정상)-오목골-독가촌

# 공작산 887.4m

강원도 홍천군 화촌면 · 동면

공작새가 그 화려한 날개를 펼친 광경을 목격한 적이 있는가. 날개를 수놓은 색색의 무늬와 빛깔이 보는 이의 눈을 현혹하고 가슴을 설레게 하는 장면은 언제 보아도 감탄을 자아낸다. 그리고 이와 동일한 이름을 가진 강원도의 공작산에 오를 때 역시 그러하기는 마찬가지이다.

공작골 입구에서 시작되는 산행은 낙엽송이 빽빽한 지대와 암벽을 거쳐 정상에 이르게 한다. 정상에 서면 서남쪽의 803봉을 비롯해 공장이 날개를 펼친 듯 우아한 자태를 감상할 수 있는데, 볕이 좋은 날이면 그 생생함이 배가 되어 전해져 오는 걸 느낄 수 있다.

노천리 공작골 입구에서 시작하여 공작현으로 넘어가는 차도를 따라 걷다보면 4~5채의 민가가 나온다. 이곳에서 서북쪽 계곡을 향해 걷다가 갈림길에서 왼쪽 길로 향한다. 경사가 급해지는 길을 오르면 낙엽송이 빽빽한 지대가 나타난다. 암벽을 몇 차례 지나 바위 벼랑을 타고 올라가면 정상이다.

정상에 서면 서남쪽의 803봉을 비롯해 공작이 날개를 펼친 듯한 자태를 감상할 수 있다. 과연 공작이란 이름이 붙을 만하다는 감탄이 절로 나온다.

하산길은 계곡 우측의 능선으로 내려가거나, 북촌 당무부락과 안말부락으로 하산하는 코스, 화촌면 굴운리 저수지로 가는 길 등 다양한 코스가 있으나 대부분의 등산객 들은 길이 순탄한 남쪽 능선을 따라 공작골로 하산한다.

**교통편**

**대중교통 I** 상봉터미널이나 동서울터미널에서 직행버스를 타고 홍천에 와서 노천리행 버스를 탄다. 또는 물골행 버스를 타고 가다가 공작동에서 하차한다.

**승용차 I** 서울, 홍천-공작산: 서울, 홍천-가칠봉:6번 국도(양평 방향)-양평-44번 국도(홍천방향)-홍천-444번 지방도(동면 방향)-동면-수타사입구-노천 3거리(좌회전)-406번 지방도(서석 방향)-공작골

**산행코스**

**1코스 I** 공작골 입구-공작골-삼거리-공작재-정상-안부-삼거리-공작골-공작골 입구 (약 5시간 소요)

**2코스 I** 굴운저수지 앞-삼거리-정상-803봉 안부-삼거리-굴운저수지 앞 (약 6시간 소요)

# 구봉대산 870m

강원도 영월군 수주면

구봉대산은 각봉우리마다 사람이 태어나서 죽을 때까지의 과정을 봉우리 명칭으로 사용하여 이색적인 감흥을 준다. 제1봉은 양이봉이다. 부모님의 금슬로 어머니 뱃속에서 잉태한다는 봉우리다.

제2봉은 아이봉이다. 아이가 청년이되면서 건실해지듯 바위봉이 모습을 드러내는 제3봉 장생 봉에 올라 유년기와 청년기를보낸다. 벼슬길에 오른다는 제4봉 관대봉에 오른다.

청년기에 연마한 학문이 빛을 발하여 벼슬길에 오르는 봉이다. 5봉은 인생의 황혼 대왕봉이다. 6봉은 인생사 지친 몸을 잠시 쉬었다간다는 관망봉이다. 구봉대산의 정상이기도 하니, 실제 탐방에서도 쉬어갈 시간이다.

정상에 올라보니 치악산 능선이 유장하고 멀리 제천 금수산 정상이 직삼각형 모양을 하고 있다. 동쪽의 높고 웅장한 산들이 의젓하다. 첩첩한 산봉우리들은 그 뒤에 마을과 강과 작은 들판을 숨겨두고 정성껏 보살핀다. 7봉인 쇠봉부터는 흙으로 이루어진 토봉이다.

8봉인 북망봉에 오르면 이제 삶을 마감하게 된다. 죽은 사람이 다시 태어난다는 윤회봉이 마지막 9봉이다. 산행은 법흥사에서 출발, 계곡을 따라 산 정상에 올랐다가 다시 법흥사로 내려오는 코스가 있다. 구봉대산에는 크라이밍이 필요한 봉우리도 있기 때문에 쉽게 봐서는 안 된다.

### 교통편

**대중교통 |** 서울, 원주-구봉대산: 강남, 동서울터미널에서 수시로 운행하는 원주행 고속, 직행버스 이용, 또는 청량리역에서 중앙선 열차 이용, 원주역 하차. 원주버스터미널에서 주천행 시내버스 이용, 주천에서 법흥사 군내 버스 이용.

**승용차 |** 서울에서 영동고속도로 만종분기점을 지나 중앙고속도로를 타고 신림 IC까지 간다. 신림에서 주천방면으로 좌회전하여 88번 지방도를 타고 20.5km정도 가면 주천입구 3거리가 나온다. 이 곳에서 좌회전 후 2km정도 가면 3거리가 나오는데, '법 흥방면' 도로 안내판에서 좌회전한다. 그리고 500m쯤 가서 다시 좌회전하고, 무릉1교에서 13km정도 진행하면 법흥사 진입로가 나온다. 이곳에서 1.3km 정도 더 가면 법흥사 주차장에 도착한다.

### 산행코스

법흥사주차장(40분)-널목재(60분)-정상(30분)-삼거리(40분)-음다래기골(30분)-신라매점(8Km, 4시간)

# 노인봉 1,338m

강원도 강릉시 연곡면 · 평창군 도암면

노인봉은 다채로운 매력을 가지고 있는 산이다. 산줄기를 따라서 예로부터 명성이 자자했던 소금강 계곡이 흐른다. 노인봉은 기묘하게 생긴 화강암 봉우리가 우뚝 솟은 정상이 멀리서 바라보면 백발노인과 같이 보인다 하여 노인봉이라 이름 지어졌다. 오대산 국립공원 한 자락에서 소금강을 비롯해 많은 절경을 거느린 이 봉우리는 나이는 먹었지만 주변의 산들을 조화롭게 조율할 줄 아는 지혜롭고 인자한 노인이다.

산행은 소로길 능선을 타고 약 50분 오르면 넓은 분지가 나오고 정상으로 가는 등산로와 대피소로 가는 갈림길에 닿게 된다. 여기서 30분이면 정상이다. 노인봉은 소금강과 월정사를 통하는 중간 지점이며, 골이 길고 고지가 높다. 북쪽으로는 오대산 비로봉이, 동북쪽으로는 청학동 소금강의 자태가 길게 펼쳐지며, 그 너머로는 동해 바다가 시원스럽게 보인다.

소금강으로 향하는 하산길은 5분쯤 정상에서 내려와 구 대피소 터를 경유한다. 낙영폭포, 광폭, 삼폭 등의 크고 작은 담과 소를 지나 계속 내려가다 보면 괴상하게 생긴 괴면암, 만물상이 하늘로 버티고 서 있다. 만물상에는 거인상, 촛대석, 탄금대, 일월봉, 옥녀탕 등 이 제각기 모습을 달리 하고 있다.

또한 구룡폭포가 시원한 물줄기를 쏟아 내리는 장관이 절경을 이룬다. 무더운 여름날에 찾기에 아주 좋은 산이다.

### 교통편

**대중교통 |** 서울 강남, 동서울, 상봉터미널에서 고속버스나 직행버스를 이용하여 강릉에 와서 소금강행 시내버스(1시간 간격 운행)를 탄다. 혹은 동서울, 상봉터미널에서 직행버스를 타고 진부에 내려 병내리행 버스로 갈아탄다.

**승용차 |** 영동고속도로-진부나들목-59번국도(주문진 방향)-간평3거리(좌회전)-병내리3거리(우회전)-진고개-송천약수-장천동3거리(우회전)-소금강 주차장

### 산행코스

진고개-정상-만물상-구룡폭포-금강사-주차장(약 5시간 소요)

# 노추산 1,322m · 사달산 1,184m

강원도 강릉시 왕산면 · 정선군 여량면

강원도에서도 영월, 평창, 정선은 오지 중에서도 오지에 해당한다. 노추산은 바로 그 정선의 북쪽인 첩첩 산중, 심심산골에 자리한 산골 중의 산골을 자랑하는 산이다. 노추산이란 이름은 이 산의 동쪽 사달산에서 수도하던 설총이 공자가 태어난 '노' 나라와 맹자가 태어난 '추' 나라의 이름을 따서 지었다고 전해진다.

사달산에서 바라본 노추산의 풍경에 얼마나 위엄이 있었으면 공자와 맹자의 기상이 서려있는 산이라 칭했겠는가. 공자의 인의예지仁義禮智를 갖추고, 맹자의 왕도王道 정신을 지닌 듯 빽빽한 나무들은 하늘 높이 솟아올라 있다.

노추산에 오르면서 이 산을 밟고 사계절 마르지 않는 샘에 목을 축이며, 그 시원한 공기를 뼈 속 가득히 채우는 것만으로도 감사하지 않을 수 없는 일이란 생각이 든다. 이런 생각으로 어느새 정상에 다다르면, 북으로는 조고봉, 발왕산, 서로는 무명봉, 가리왕산, 동으로는 사달산 등이 앞뒤로 이어지며 절경을 이루고 있는 것이 보인다.

특히 사달산은 그리 멀지 않으니 함께 종주산행을 하는 것도 좋다. 산에 올라 전대의 학자들이 그러했듯 세상을 굽어보며 자신의 큰 뜻을 크게 외쳐보는 것은 어떨까. 그 마음이 노추산의 정기를 받고 저 하늘에 닿아 이루어질지도 모를 일이다.

**교통편**

**대중교통 |** 청량리역에서 증산역까지 간 다음 정선선 열차를 이용, 아우라지역 하차. 아우라지역 앞에서 구절리행 마을 버스로 환승하여 구절리 절골 하차. 또는 정선버스터미널에서 여량 행 버스를 이용, 여량에서 아우라지 행 마을버스 환승, 구절리 절골 하차.

**승용차 |** 영동고속도로-진부 나들목-59번 지방도(정선방향)-나전리 3거리(좌회전)-42번 국도(임계,삼척 방향)-여량(좌회전)-415번 지방도-구절리노추산입구

**산행코스**

구절리-오장산 능선-사자목-너덜지대-이성대-주능선-정상-절골 (약 6시간 소요)

# 대덕산 1,307m

강원도 태백시 삼수동 · 삼척시 하장면

대덕산은 물水과 인연이 깊다. 일단 한강 514km의 발원지이며 한국 100대 명수 중의 하나인 검룡소가 있다. 이 검룡소를 찾아가는 길목에는 삼수령 또한 위치해있다. 삼수령이라는 이름이 붙은 것은 이 곳에 떨어지는 빗방울은 떨어진 장소에 따라 한강을 따라 황해로 흐르거나, 낙동강을 따라 남해로, 혹은 오십천을 따라 동해로 흘러가기 때문이다.

검룡소의 물이 민족의 젖줄이 되어주듯, 물은 생명을 유지하는 데 없어서는 안 되는 것이다. 검룡소와 가장 가까울 만한 물로는 한천수寒泉水, 찬 샘

물를 들 수 있겠다. 사계절 내내 찬 물이 솟아 나온다고 하니,한천수의 대표격인 것이다. 〈동의보감〉의 33가지 물 소개에는 장소에 따른 물 뿐만 아니라 시간에 따른 물 등 다양한 물이 소개되어 있다. 가을에 내린 이슬, 매화 열매 익는 5월의 빗물등이 그것이다.

특히 정화수井華水, 새벽에 처음 긷는 물는 사람이 놀래거나 충격으로, 몸에 뚤려 있는 아홉 구멍 어디에서 피가 나올 때에 좋고, 입냄새를 없애주며 안색을 곱게 해주고, 눈에 백태白苔가 끼는 질환에 이 물로 씻어주면 좋다. 술 마신 뒤 속풀이에도 좋다. 약을 먹을 때, 약을 다릴 때, 술을 빚거나 초醋를 만들 때도 쓰면 좋다고 하니, 새벽 일찍 검룡소에 올라 정화수를 떠서 마셔보자. 내 몸이 깨끗해지며 생명력이 솟아나는 것을 느낄 수 있을 것이다.

### 교통편

**대중교통** | 서울, 태백-대덕산: 서울 청량리역에서 제천 경유 강릉행 열차 이용, 태백 하차. 또는 동서울터미널에서 태백 행직행버스를 이용. 산행들머리인 검룡소 까지는 택시를 이용.

**승용차** | 영동고속도로-중앙고속도로 제천나들목(38번 국도)-영월(31번 국도)-사북-고한-태백-화전4거리(35번 국도)-창죽교 좌회전-검룡소 주차장

### 산행코스

**1코스** | 검룡소 주차장-검룡소-분주령골-1215봉-정상-1225봉-분주령골-검룡소주차장(5시간)

**2코스** | 두문동재-금대봉-고목나무샘-분주령골-정상-살개목-멍우바우골-안창죽(7시간)

# 돌도끼산 968m

강원도 정선군 정선읍 · 신동읍 · 평창군 미탄면

마음이 답답하기만 해서 어딘가 먼 곳으로 훌쩍 떠나고 싶을 때, 타임머신을 타고 아무도 모르는 과거나 미래로 떠나고픈 생각이 들 때, 여행을 떠나는 심정으로 들를 수 있는 산이 '돌도끼산' 이다.

강원도 정선군과 평창군에 걸쳐있으며, 아직까지도 많이 알려지지 않은 이 산은 회양목과 화살나무가 유난히도 많은 산이다. 정상에는 도깨비 외뿔 같은 독특한 모양의 바위가 우뚝 서있고 곳곳에 가파른 벼랑들이 있는 산이기도 하다.

특히나 외뿔 모양의 바위는 묘하게 신비스럽고 강렬한 인상을 풍기는데, 먼 옛날에는 일종의 주술물로서 숭앙 받았을 만한 기이한 모양을 하고 있다.

등산을 하다보면 방목을 하고 있는 소떼들도 만날 수 있어 유목시대에 온 것 같은 느낌을 주기도 한다. 돌도끼산이라는 이름은 아마 이 곳에서 돌도끼와 같은 선사시대, 신석기 시대의 유적들을 발견한 데서 붙여진 이름인 듯하다. 실제로 2003년 즈음에 이곳에서 신석기 시대 돌칼과 마제 석기, 주먹도끼 등이 발견된데서 기인한 이름이란다.

산 전체가 선사시대의 유적지대라 할 수 있기 때문에 산에 들어가는 초입부터 과거로 가는 사차원의 문을 통과하는 듯 한 느낌이 들게 한다. 능선길 양옆은 키 큰 참나무들이 즐비하게 늘어서 있어서 숲 내음을 느끼게 했다.

### 교통편

**대중교통 |** 동서울종합터미널에서 하루에 9번씩 운행하는 정선행 버스를 탄다. 정선에서 읍내 택시를 이용해 아랫만지 마을로 접근하는 것이좋다. 정선읍에서 가수리행 군내버스가 하루에 4번 운행한다.

**승용차 |** 서울, 영동고속도로 장평 IC - 만지산 : 장평 IC-우회전-31번 국도(대화, 평창 방향) - 대화 - 방림3거리(왼쪽 직진)-평창 - 42번 국도(미탄, 정선 방향) - 멧둔재 - 미탄 - 비행기터널 - 광하교-광석교 - 귤암리 - 잠수교 - 하매 마을

### 산행코스

관귤암마을-주능성-965미터 봉-돌도끼산-도둑구지재 - 아랫만지산 마을(4시간 40분 정도소요)

# 두위봉 1,466m

강원도 정선군 · 영월군

두위봉은 함백산의 연맥 가운데 가장 높은 산이다. 산 모양새가 두툼하고 두루 뭉실하여 주민들은 두리봉이라고도 부르는 산이다. 첩첩 산중에 둘러싸여 교통이 불편하기때문에, 산행을 즐기는 이들에게조차 이름이 다소 생소할 것이다. 산행은 자미원역에서 시작한다.

철로를 건너 간이포장도로를 따라 오르면 등산로가 계곡길과 능선길로 나뉘는데, 두 방향 모두 1.4km 가량 가면 자작나무로 둘러싸인 샘터 에 도착한다. 샘터에서 1시간 30분 정도 오르면 초원지대가 나타난다.

산죽밭 능선을 따라 30~40분 정도 더 오르면 팔부 능선이다. 거기서 갈림길이 시작되는데, 오른쪽은 방제리로 내려가는 길, 왼쪽으로 가면 철쭉 군락지가 눈앞에 펼쳐진다. 철쭉 군락지 샛길로 20분 정도 오르면 암봉에 도착한다. 해발 1,465m의 장군바위 아래로 아득히 펼쳐진 계곡은 아찔하면서도 시원한 장관을 선사한다.

여기에서 동쪽으로 더 지난 세 번째 봉우리, 네모반듯한 자연석들이 차곡차곡 쌓여있는 봉우리가 두위봉 정상이다. 북쪽으로는 민둥산의 억새와 그 뒤의 가리왕산이 손짓하고, 아래로는 곰봉, 벽암산, 미둥산, 지억산의 능선이 눈에 들어온다.

## 교통편

**대중교통 |** 청량리역에서 영월이나 예미가는 열차(하루 2번 운행)를 이용하거나 동서울터미널에서 영월행 버스를 이용. 영월에서는 예미, 함백행 시내버스가 수시로 운행되고 있다.

**승용차 |** 중앙고속도로 제천 IC-38번국도-영월-신동(예미)-2번국도-남면(문곡)-우회전-자미원역

## 산행코스

자미원역-자뭇골-철쭉군락-정상-도사골-사북아파트(약 5시간 소요)

# 망경대산 1,088m

강원도 영월군 중동면

'망경대산' 이라는 산 이름은 어린 단종이 숙부인 수양대군에게 왕위를 찬탈 당하였다는 소식을 들은 충신 추익환이 산위에 올라 한양을 바라보며 눈물을 흘렸다는 데에서 유래 되었다. '누대에 올라 태양임금을 바라본 산' 정도로 번역할 수 있을 것이다. 높은산에 올라 임금이 있는 한양을 바라보려 했던 점을 생각하면 그 충성심이 매우 깊었음을 짐작할 수 있다.

하산 길을 왕복코스로 잡기에는 왠지 아쉽다. 정상 부근까지 임도가 있는 관계로 왔던 길을 되돌아가는 산행코스로는 재미가 적다. 하산코스는 등산객들의 왕래가 적은 관계로 잡목과 딸기나무 가시와의 전쟁을 치러야 하는 코스이다.

작은 돌탑이 있는 1,050봉을 넘고 또 하나의 봉우리를 넘으면 탄광지대 산의 특징인 함몰된 곳이 남쪽 사면에는 많다. 함몰지대 사면을 내려오면 안부에 폐도로가 있다. 우측은 하동면 주문리로 하산하는 코스이고 좌측은 화원2리로 내려가는 코스이다.

하산지점에 따라 달리 코스를 정하면 되지만 하원2리 마을로 내려가는 코스는 오랜 세월로 인해 폐도로가 희미해지는 관계로 동쪽 사면 계곡을 향해 내려가야 한다.

계곡은 물이 없는 건천계곡으로 상류에는 버섯농장이 있고 그 곳에서부터 시멘트포장도로를 따라 마을로 내려가서 수라리재를 따라 화원1리 마을 입구까지 약 4Km를 걸어가야 되는 등산코스이다.

### 교통편

**대중교통 |** 서울, 원주-매화산 : 서울 동서울터미널에서 원주 행 고속, 직행버스를이용. 또는 청량리역에서 중앙선 열차를 이용, 원주역 하차. 원주시내에서 안흥 방향 시내버스를 이용, 전재 하차. 학곡리 방향은 구룡사 행 시내버스를 이용.

**승용차 |** 영월에서 31번 국도를 타고 태백방면으로 가다가 38번 국도와 만나는 삼거리를 지나 화원리로 우회전하여 들어간다.

### 산행코스

**1코스 |** 화라동 안흥상회-화라분교터-임도-북 릉 - 정 상 - 남 릉 - 1050m봉-1033m봉 함몰지대-광업소 현장-모운 마을 경유-옥동천 주문교(약 13km, 6시간)

**2코스 |** 화원1리-광산길-망전리 갈림길-궁장동-정상-화라동(약 9km, 5시간)

# 민둥산 1,119m · 지억산 1,116.7m

강원도 정선군 화암면 · 남면

푸르른 신록을 자랑하는 강원도의 산들 사이에서 마치 외톨이처럼 누런 억새만이 빽빽하게 들어선 산이 있다. 정선군 남면에 솟아 있는 민둥산이 바로 그것이다. 예부터 나물을 얻기 위해 매년 한 번씩 불을 질러와 이름 그대로 민둥민둥한 모양새가 된 이 산은, 억센 토양에서 자라는 참억새로 인해 일반인들에게 '억새산'으로도 잘 알려져 있다.

강원 정선군의 남면에 펑퍼짐하게 솟은, 나무 한 그루 없이 평평한 민둥산. 산행길은 증산 마을에서 시작된다. 증산역 북쪽 증산초등교 아래의 제일상회 앞에서 동북쪽 정선선 철로 아래로 난 길로 접어들며 시작된다. 이곳에서 40여 분 걸어가면 길이 가파라지면서 낙엽송 숲이 나타나는데 가을이라면 이 주위는 온통 빨갛다. 보리수볼똥나무에 빨갛게 익은 열매가 수 없이 달려있기 때문이다.

그 능선을 따라 30여 분 더오르면 주능선 일대에 수십만 평의 광활한 억새풀밭이 펼쳐진다. 정상에서 보이는 북쪽 능선길도 억새군락지다. 민둥산 정상에 서면 주변의 산들과 지억산 쪽의 억새로 뒤덮인 능선이 보인다. 하산로는 지억산 쪽으로 가다가 정상에서 700m 지점의 무덤에서 동쪽 아래의 거대한 함몰지대를 돌아 계곡으로 빠지면 된다.

이 계곡길을 따라 가다보면 발구덕 마을에 이르게 된다. 아니면 산행을 더 길게 하고 싶다면 지억산 쪽으로 가다 화암 약수터로 하산하면 된다.

**교통편**

**대중교통 |** 서울 청량리역에서 태백선 열차를 타고 증산역에서 내린다. 버스로는 영월까지 가서 하루 12회 운행하는 고한행 완행버스를 이용해 증산에서 내린다.

**승용차 |** 서울-영동고속도로 새말 IC-안흥-평창-정선-남면(증산초등학교)

**산행코스**

**1코스 |** 증산마을-싸리실-주능선-민둥산 정상-계곡-발구덕마을(약 4시간 소요)

**2코스 |** 증산초등교-민둥산 정상-약수터 갈림길-화암약수(약 5시간 소요)

# 발왕산 1,458m

강원도 평창군 도암면 · 진부면

발왕산은 스키장이 위치한 산답게 겨울엔 바람이 세차고 적설량이 많이 위험이 따른다. 하지만 용평스키장을 찾는 수많은 인파에 비해 이 산은 많이 알려지지 않아 느긋하게 오를 수 있어서 더욱 좋고, 만약 겨울이 아닌 다른 계절에 찾는다면 산세가 부드럽고 큰 험로가 없어 누구나 쉽게 오를 수 있는 장점을 가지고 있다.

산행은 스키장 입구 주차장을 지나 우측 도로로 15분쯤 가면 있는 용산 2리 마을회관에서 시작된다. 정상으로 가는 길은 사잇골과 윗골 외에도 여러 곳이 있으나, 하늘을 가릴 듯 원시림이 뻗쳐 있어 경관이 좋은 사잇골을 많이 택한다. 숲이 우거진 좁은 사잇골 계곡을 1시간 30분쯤 오르면 앞이 확 트인 1,025m 능선고개에 이른다. 주능선을 몇 번 오르내린 끝에 1,400m 고지의 넓은 공터 '작은 마당' 에 도착한다. 여기서 20분쯤 가면 '큰 마당' 에 이르고 다시 10분쯤 오르면 정상이다.

하산길은 작은 마당까지 돌아와서 우측 능선을 타고 내려오는데, 눈 아래로 펼쳐진 크고 작은 산자락들이 한 폭의 산수화처럼 아득하게 펼쳐진다. 계속 내려오다 보면 1,100m 고지 싸리재가 나온다.

싸리재를 벗어나면 용평스키장이다. 여기서는 등로가 따로 없고 용평스키장의 골드라인을 밟으며 50분 정도 걸으면 주차장이다.

**교통편**

**대중교통** | 상봉터미널에서 강릉행 직행버스를 타거나 동서울터미널에서 횡계행 버스를 타고 횡계에서 하차하여 용평스키장행 버스로 갈아탄다. 원주, 강릉에서도 시외버스로 횡계에 갈 수 있다.

**승용차** | 영동고속도로-횡계 평면교차로-456번 지방도-횡계-용평스키장-용산2리

**산행코스**

용평스키장 주차장-새마을회관-능선-작은 마당-큰 마당-정상-큰 마당-작은 마당-싸리재-스키장 주차장(약 6시간 소요)

# 방태산 1,444m · 구룡덕봉 1,388.4m · 개인산 1,341m

강원도 평창군 도암면 · 진부면 · 인제군 상남면 · 홍천군 내면

방태산은 수목한계선이 새로이 발견되어 자연학술적 보전가치가 매우 크고 1천 5백 년 이상 된 수목이 대량 자생하고 있다. 게다가 백두산, 한라산에서나 볼 수 있는 고산 초원지역까지 남아 있어서 남한 최고의 산림을 그대로 간직한 산이라 할 수 있다. 오랜 세월을 지탱해 온 나무들과 각기 다양한 생김새의 나무들을 이곳에서 만난다.

나무 사이를 걷다보면 수 많은 나무에서 뿜어져 나오는 청량한 기운이 몸과 마음을 상쾌하게 한다. 삼림욕을 하며 마음의 때까지 훌훌 벗어버린다.

산행은 미산리 주차장에서 시작한다. 주차장에서 조금 지나면 내린천을 지나는 다리를 건너게 된다. 그 후 300m쯤 오르면 한나동 계곡이 나온다.

깃대봉까지는 3시간 정도 오르면 된다. 깃대봉에서 주억봉으로 가다보면 전설 하나를 만나게 된다. 옛날 대홍수 때 배를 묶어 놓았다는 2톤 가량의 돌배 닿은 돌의 이야기인데 아쉽게도 현재 그 돌은 찾아볼 수 없다. 깃대봉에서 배 닿은 돌쪽으로 얼마쯤 가면 오른쪽에 개인산장 쪽으로 빠지는 길이 있다. 이 길은 출발지점과 연결되어있다. 그러나 깃대봉에서 남쪽 능선을 타고 1시간 정도 가서 방태산 정상이다.

여기서 다시 능선을 타고 30분 정도 가면 갈림길인데 좌측길이 방태산 휴양림길이다. 직진하여 구룡덕봉 또한 함께 오르는 방법도 있다. 그러나 구룡덕봉 쪽은 가면 다시 돌아올 수 없다.

### 교통편

**대중교통 | 시외버스 :** 서울(상봉,동서울터미널) - 홍천 - 상남 - 기린 - 방태산 휴양림(3시간 소요) / **시내버스 :** 인제터미널-고사리-현리터미널-방동-방태산 입구삼거리(1시간소요)

**승용차 |** 서울 - 홍천 - 철정 - 상남 - 현리 - 방동2리

### 산행코스

미산리종점 - 한나동계곡 - 깃대봉-배닿은 돌 - 갈림길 - 정상 - 방태산 휴양림(약 5시간 30분소요)

# 백덕산 1,350m · 사자산 1,120m

강원도 평창군 방림면 · 영월군 수주면 · 횡성군 안흥면

눈 쌓인 산의 모습이 아름다워 백덕산이라는 이름이 붙은 산이다. 그만큼 눈 쌓인 산의 모습은 절경이다. 강원도 높은 지대이다 보니 눈도 자주 오고 늦게까지 온다. 눈이 많이 오면 올수록 산의 경치는 좋아지니 눈이 많이 오길 바라는 산이 바로 이 백덕산이다.

산행은 법흥사 쪽에서도 할 수 있으나, 서울에서 출발할 경우 교통이 불편하다. 보통 문재고개820m터널입구에서 산행을 시작하여 동서쪽 능선을 타고 많이 오른다. 문재터널 입구에서 오른쪽 길로 약 20분 가량 능선길을 오르면 925m 헬기장이 나온다. 여기서 다시 봉우리를 하나 둘 넘으며 40분 정도를 오르면 1,120m 사자산이 앞을 가로 막고 서 있다.

이 산에는 신라 승려 도윤이 현덕왕 17년825년에 당나라에서 수학을 마치고 사자를 타고 와서 고찰을 지었다고 해서 사자산이라고 불리었다는 전설이 있다. 봉우리 남서쪽 산자락에 자리 잡고 있는 법흥사가 바로 그 고찰이다. 사자산을 지나 가파른 능선길을 1시간쯤 더 가면 높고도 높은 당재1,280m에 이르게 된다. 정상에 오르면 두 암봉이 우뚝 솟아 쌍봉을 이루고 있다. 하산은 당재로 되돌아와 묵골재에서 왼쪽 길을 따라 내려오면 된다.

겨울철에는 자연 눈썰매를 타고 내려오면 금을 캐던 광산터가 나온다. 여기부터 한길처럼 넓은 도로를 20여분 정도 내려와 운교리에서 산행을 마친다.

## 교통편

**대중교통** | 강남터미널에서 고속버스를 타고 원주에 와서 장평행 버스로 갈아탄 뒤 문재나 운교리에서 하차한다. 제천에서 법흥사행 버스를 이용해도 된다.

**승용차** | 영동고속도로-중앙고속도로-신림IC-88번 지방도(주천, 제천방향)-황둔리-주천-무릉(수주)-법흥리

## 산행코스

**1코스** | 문재터널-사자산-당재-정상-1,262봉-당재-벌통바위-운교리(약 6시간 소요)

**2코스** | 법흥사-백년광산터-당재-사자산-당재-벌통바위-운교리(약 6시간 소요)

# 사명산 1,198m

강원 화천군 간동면 · 양구군 양구읍

사명산은 강원도 춘천시와 화천군, 양구군의 접경에 위치한 산으로서 웅장한 산세가 주변의 맑고 푸른 파로호, 소양호와 어우러져 더욱 아름다움을 발하는 육산이다. 등산로는 남동쪽 웅진리 선정사에서 오르는 길과 북쪽 월명리에서 오르는 코스가 있다. 선정사 코스에서도 정상을 기점으로 되돌아 나오는 길과 추곡약수터로 가는 길이 있다.

웅진상회 앞에서 북쪽 옛 웅진분교 앞 길로 10분쯤 올라가면 '선정사' 가 나오는데 이 사찰을 산행기점으로 한다. 여기서 서쪽 계곡을 타고 50분쯤 가면 왼쪽으로 계류가 있고 계류를 건너 산사면을 타고 1시간 쯤 올라가면 능선 공터에 닿고, 10분쯤 더 올라가면 둔바위라는 거대한 바위가 있는데 이곳에서 조금 더 오르면 첨바위가 층층이 층계를 이루고 있는 정상이 보인다.

정상의 정취를 한껏 감상한 후 추곡약수를 향해 발길을 돌려 남동릉을 타고 10분쯤 가면 두번째 갈림길이 나온다. 여기서 북동쪽으로 계속 능선을따라 가다보면 992m봉에서 능선이 두 갈래로 나뉜다. 남서쪽능선오른쪽능선을 타고 한참 내려가면 추곡마을이다. 이 산에서 특히 빼놓을 수 없는 명물은 바로 '추곡약수' 이다. 일명 '설탕을 안 톡 쏘는 맛의 사이다' 라고 불린다. 겨울에도 얼지 않고 장마철에도 분출량이 변하지 않는다니 신기하기만 하다.

### 교통편

**대중교통 |** 서울 상봉터미널에서 춘천까지 시외버스를 이용한다. 춘천에서 양구행 버스를 타고 추곡약수터나 웅진리 웅진상회 앞에서 하차한다.

**승용차 |** 서울에서 46번국도로 청평-가평-강촌-의암교 또는 신연교-춘천역-소양2교-양구방면 우회전-천전리-46번 국도- 배후령-간척리-추곡터널-양구

### 산행코스

웅진리-선정사-용수암-정상-석탑-추곡약수(약 5시간 소요)

# 삼악산 654m

강원도 춘천시 서면

세 개의 주봉을 가지고 있는산 삼악산. 춘천은 삼악산을 비롯해서 사명산, 용화산, 오봉산, 연엽산 등 가까운 곳에 아름다운 산이 많은 고장이다. 삼악산은 춘천에서도 경치 좋고, 볼 것 많은 관광지로 손꼽히는 곳이다.

소양강, 의암호를 지나 북한강으로 흘러드는 푸른 강변을 끼고 남쪽의 검봉, 봉화산과 마주하여 솟은 산이다. 주봉이 용화봉, 청운봉, 등선봉 셋이라 해서 삼악산이라 하는데 '악岳' 자를 붙이는 산답게 제법 험하고 거칠다.

삼악산은 등산로 또한 세 가지다. 강촌역에서 바로 등선봉으로 오르는 길이 하나 있 다. 이 길은 그저 평범하고 등선폭포를 볼 수 없는데다 정상까지 가는 길이 지루한 편이다. 또 등선폭포 쪽으로 하산하면 정상까지 가지 못하는 아쉬움이 남는다.

두 번째로 등선 폭포에서 시작하는 길도 있지만 제일 좋은 길은 역시 의암댐이 있는 상원사 쪽이다. 상원사는 신라 때 창건한 절이라 하는데 지금 있는 건물은 요즈음에 지은 것 같다. 절 앞에는 샘터가 하나 있고 상원사를 지나면서 오르내리다 보면 등줄기로 땀이 솟지만 3~40분이면 능선에 오른다.

여기서부터는 사방이 탁 트여서 시야는 좋지만 정상까지는 미끄러운 바위능선이다. 북한산 백운대처럼 곳곳에 쇠줄이 박혀 있어서 도움이 된다. 정상에 오르면 의암댐과 북한강 줄기가 한눈에 들어온다.

**교통편**

**대중교통** | 상봉역에서 경춘선 전철 이용, 강촌역 하차. 강촌역-등선폭포, 의암댐: 수시 운행하는 춘천 행 시내버스 이용.

**승용차** | 46번 국도로 서울-청평-가평을 거쳐 강촌 검문소를 지나 등선 폭포 입구에 주차한다.

**산행코스**

**1코스** | 의암댐-상원사-정상-흥국사-등선폭포(3시간 30분)

**2코스** | 등선폭포-흥국사-정상-상원사-의암댐(3시간 30분)

**3코스** | 강촌역-다리건너 매표소-등선봉-흥국사-삼악산 정상-상원사-의암댐(약 4시간 소요)

# 석이암산 970.4m

강원도 정선군 임계면

석이산은 백두대간상의 고적대1354m에서 곧장 서쪽으로 지맥을 뻗은 중봉산1283m을 지나 약 5Km쯤에 임계천에 막혀 더 이상 나가지 못하고 솟은 산이다.

산행을 시작하면서 낙엽송 숲으로 올라가니 이내 갈림길이다. 오른쪽으로 가는 길을 택하니 소나무가 빼곡한 길은 동쪽으로 방향을 틀며 산사면으로 나가더니 농가를 떠난지 25분쯤에 석이암산 정상에서 장찬동으로 뻗은 서쪽 지능 안부다. 능선 끝에는 소나무, 낙엽송 등이 섞여 있고 쌍가지를 뻗어 올린 돌배나무 한 그루가 이정표 노릇을 한다. 골말의 지골로 넘어가는 길은 사람이 다닌 흔적이 있다.

지골 능선에서 지골로 넘어가지 않고 오른편의 동쪽 능선을 따라 5분여를 오르니 바위도 나타나며 너덜이 형성되기 시작하더니 그 멋진 소나무 군락도 사라져 버리고 곱게 물든 단풍나무 아래에는 산돼지들이 주둥이로 땅을 뒤집어 밭을 일궈 놓았다.

첫 번째 만나는 묘잔등 같은 봉을 넘어 쭉쭉 뻗은 신갈나무 안부를 지나 5분에 다시 묘잔등 같은 봉에 철쭉나무를 헤치고 오르니 삼각점은 없고 삼각점 관리 표찰만이 쓸쓸히 잡목에 기대어 있는 초라하기 그지없는 석이암산 정상이다.

석이암산 정상 부위에는 3개의 봉이 있는

데, 가운데 것이 970.4m의 정상으로 사방이 잡목에 가려 전혀 조망이 없다.

삼각점 관리표찰이 있는 정상에서 동남동 130도 방위각의 능선을 따라 기추목이를 첫 번째 목표로 하고 하산을 한다. 경사가 다소 급하기는 하나 사람이 다닌 족적이 고 또한 걸리적 거리는 잡목도 없어 수월한 길이다. 근처에는 도지정기념물 제70호인 송계산성이 500m 거리에 있다.

성곽남쪽 끝 부분에는 4기의 고분군도 있다. 산행을 끝낼 무렵에 이르면, 오목골이라는 마을에 다다르게 된다. 오목골의 원래 이름은 새놀 또는 오무골이라 하는데 중봉산 자락에 있는 다섯 개의 오지마을 중에 든다고 하여 붙여진 이름이다.

**교통편**

**대중교통 |** 임계에서 서울 또는 정선행 버스는 동서울에서 하루 12회 운행한다. 도전 방면 시내버스는 하루 3회 운행하는데 송계산성 입구 송계5리에서 하차한다.

**승용차 |** 동해고속도를 타고 동해 IC까지 간다. 정선방면으로 42번 국도를 따라가면 임계면 송계리 임계다리 앞에 다다를 수 있다. 정선에서는 42번 국도(동해시 방면)을 거쳐 북면(아우라지)를 지나면 곧 임계면 송계리 임계다리 앞에 도착할 수 있다.

**산행코스**

방앗간 - 장찬동 농가- 정상 - 기추목이 - 탑거리 합수점 - 오목골 합수점 - 장찬교-방앗간(4시간 30분에서 5시간 소요)

# 선자령 1,157m · 곤신봉 1,131m

강원도 강릉시 왕산면 · 성산면 · 평창군 도암면

선자령은 독특하게 산 이름에 '산' 이 아닌 '령' 을 쓰는 산이다. 옛날 기록에 보면 「산경표」에는 대관산, 「동국여지지도」와 1900년대에 편찬된 「사탑고적고寺塔古蹟攷」에는 보현산이라고 쓰여 있다.

또한 산자락에 있는 보현사普賢寺의 기록을 전하는 「태고사법」에는 만월산으로 적혀 있는데, 이는 아마도 보현사에서 보는 선자령이 떠오르는 달과 같기 때문일 것이다.

이것이 '령' 으로 바뀐 유래는 알 수 없으나, 대관령에 길이 나기 전에 이

### 교통편

**대중교통 |** 상봉터미널에서 버스를 타고 횡계에 가서 대관령까지 택시를 이용한다. 동서울터미널에서 직행 버스로 강릉에 간 다음 택시를 이용해 대관령으로 이동한다.

**승용차 |** 1.서울, 횡계-선자령 : 영동고속도로-횡계 IC-456번 지방도(구 영동고속도로)-대관령
2.서울, 횡계-곤신봉(보현사) : 영동고속도로-강릉 IC-35번 국도(성산 방향)-성산 3거리(우회전)-415번 지방도(보광리 방향)-보광리 4거리(좌회전)-보현사

### 산행코스

대관령(상)휴게소-대관사-중계소-새봉-정상-초막교(약 5시간 소요)

곳을 넘어 동쪽으로 초막교를 지나 강릉으로 다니던 사람이 많았다고 하는데 이들이 넘나 들면서 고개 '령' 자를 붙인 것이 아닐까 생각한다.

선자령과 함께 그 위쪽으로는 곤신봉이, 남서쪽에는 제왕산이 있다. 선자령과 함께 종주산행을 해도 좋다. 제왕산은 평창군 도암면과 왕산면 사이에 걸쳐있는 산으로, 겨울철 눈꽃산행을 즐기기에 그만이다. 해마다 음력 5월 5일에는 단오제가, 10월에는 율곡제와 무천제가 열린다.

해발 800여m의 대관령 마루에서 산행을 시작하는 것을 생각하면 가볍게 능선을 타고 오르내린다고 봐도 무난할 것이다. 정상에 서면 서북쪽으로 구불고불 굽이진 대관령 길이 펼쳐지고 동쪽으로는 동해 바다의 조각배가 둥실 떠간다.

# 설악산 1,708m · 안산 1,430m

강원 인제군 북면 · 속초시 · 양양군 강현면 · 서면

우리나라 사람들이 여행지와 쉼터로 첫손을 꼽는 곳이 설악산이다. 빼어난 산세와 보는 것만으로 희열을 느끼게 하는 조화로운 계곡들, 그 사이 사이로 나무와 암석이 곁들여 절묘한 조화를 이루고 있다.

동해바다를 타고 내리뻗은 줄기 중 가장 높은 산이 설악산이다. 전체 7,000봉으로 봉우리 수는 금강산에 미치지 못하지만 높이는 70m 가량이나 높다. 강원도 속초시와 양양군, 고성군, 인제군 4개의 시, 군에 속하며, 1970년 3월 국립공원으로 지정되었다.

1981년 유네스코에서 생물권 보호지역으로 지정되기도 한 설악산은 우리나라에서만 서식한다는 반달곰, 백수의 접근을 피해 수 천길 절벽에서 서식하는 산양 등 희귀 동식물이 많다. 대청봉을 중심으로 한계령과 미시령을 이어서 서쪽 인제군에 속하는 곳을 내설악이라 하고, 동쪽으로 속초와 양양을 외설악이라 부른다.

산행은 일반적으로 설악동이나 오색, 용대리 등지에서 시작한다. 어느 코스를 통해도 계곡을 지나게 되고 기상의 변화가 심하므로 적절한 준비가 필요하다. 대청봉까지 가는 길을 설악동 쪽에서 잡았으면 신흥사로 접어든다. 코스가 길어서 숙박을 준비하지 않은 경우 초보자에겐 곤란한 코스다. 매표소에서 케이블카 타는 곳을 지나 다리를 건너면 갈림길이다. 정면에 신흥사가 보이고 왼쪽은 정상, 오른쪽이 흔들바위로 향한다. 일정이 넉넉하다면

흔들바위와 울산바위를 둘러보는 것이 좋다.

울산바위는 옛날엔 암벽이 가파라서 오르기가 어려웠지만, 요즘은 철계단이 설치되어 있다. 신흥사에서 울산바위까지 오르내리는 데 두 시간 가량 걸린다. 신흥사에서 비선대까지는 완만하다.

바위가 날카롭고 높아 하늘을 뚫고 올라갈 것 같다하는 비선대를 지나면, 오른쪽으로는 금강굴, 마등령으로 오르게 되고, 곧장 가게 되면 천불동계곡이 나온다. 양폭산장 바로 앞에 이르면 오련폭포가 있는데 물이 다섯구비를 돌아 떨어져 내리는 정경이 독특하다.

이 폭포들을 지나 천불동계곡 막바지 언덕을 오르면 희운각 대피소가 보이고 대피소에서 약 40분 정도 오르면 끝청이 나온다. 이곳에서 20분 정도 더 가면 요즘 새로 완성된 설악대피소를 볼 수 있다. 여길 지나면 대청봉에 오르게 된다. 신흥사에서 대청봉까지는 총 7시간 내외가 걸린다.

하산할 경우 오색으로 하산코스를 잡는 것이 보편적이나 그 외 천불동이나 봉정암등으로 코스를 잡

**교통편**

**대중교통 |** 설악동까지는 서울 상봉터미널에서 하루 3번 운행하는 직행버스가 있다. 고속버스는 동서울 터미널에서 속초행을 타고 속초에서 다시 시내버스로 갈아탄다. 오색지구행 버스는 서울 상봉, 원주, 춘천 등지에서 이용할 수 있다. 남교리나 용대리는 직행버스를 이용하거나 원통까지 가서 시내버스로 갈아탄다.

**승용차 |** 서울 망우리고개 - 6번국도 - 양평 - 용두리에 이르러 6번 국도-한계리 민예단지 휴게소 앞 삼거리 - 한계령방면 44번 국도 - 제1, 2 옥녀교 - 제1,

2장 수교 - 장수대 - 한계령휴게소 - 양양 - 7번국도 - 낙산-설악동입구인 물치 3거리 - 좌회전-설악산 입구

**산행코스**

**1코스 |** 신흥사-천불동계곡-희운각-대피소-소청봉-대청봉 (약 7시간 소요)

**2코스 |** 오색-공원관리소-설악폭포-대청봉 (약 5시간 소요)

**3코스 |** 한계령-설악루-서북능선-끝청봉-중청봉-대청봉(약 6시간 소요)

**4코스 |** 용대리(백담사)-구곡담폭포-소청봉-대청봉(약 7시간 소요)

**5코스 |** 용대리(백담사)-가야동계곡-희운각-대청봉(약 7시간)

**6코스 |** 남교리-12선녀탕-대승령-장수대(약 6시간)

을 수 있다. 대청봉이란 청색을 띤 듯 크게 푸른 봉우리라는 뜻이다. 언제나 영화롭고 융성할 것을 기원하는 봉우리다. 대청봉은 기온이 낮고, 바람이 많은 편이라 첫눈이 제일 빨리 내리는 곳이기도 하다. 10월부터 눈이 내리기 시작해서 다음 해 하지까지 남아있기 때문에, 또는 암석의 색깔이 눈같이 희기 때문에 설악雪岳이라 불렀다 한다.

근래에는 정상을 등반하는 직선 코스로 오색이나 한계령을 찾는 이들이 많다. 한계령에서 서북능선을 타거나 오색에서 설악폭포를 지나 정상까지 대략 5시간 남짓 걸린다. 이 부근에는 놓치기 아까운 비경들이 곳곳에 숨어있다.

# 오대산 1,563m · 동대산 1,434m

강원도 평창군 진부면 · 홍천군 내면

깊고 부드러우며 그윽한 맛이 한국산의 가장 전형적인 모습이라는 오대산, 이 산은 강원도 평창군 진부면과 홍천군 내면 그리고 강릉시 연곡면에 접해 있는 산이다. 한마디로 백두대간의 중추를 이루는 서남쪽으로 가지친 한강기맥에 솟아 있다. 산의 규모가 크며 그 모습이 의젓하고 단아하다.

오대산이라는 이름의 유래는 주봉인 비로봉을 중심으로 하여 동서남북으로 상왕봉1485m, 두로봉1421m, 동대산1433m, 효령봉1560m 등 5개의 봉우리가 있는 산의 모양새에서 비롯되었다고 한다. 또 5개의 고봉들이 오목

하게 원을 그린 것이, 마치 다섯장의 꽃잎으로 이루어진 연꽃같다 하여 그렇게 이름지어졌다고도 한다. 다섯 봉우리가 마치 병풍처럼 늘어서 있고 동쪽으로는 따로 떨어져 나온 노인봉1338m, 아래로는 소금강이 흐르는 광경을 멀리서 보기만 해도 왜 많은 이들이 오대산을 찾는지를 짐작케 한다.

이 산의 산행코스는 2개인데, 상원사에서 적멸보궁을 거쳐 주봉인 비로봉에 올라 상왕봉, 북대사, 상원사로 내려오는 코스가 일반적이다. 다른 코스는 오대산장에서 동대산, 두로봉, 상왕봉, 비로봉, 효령봉으로 해서 오대산장으로 내려오는 오대산의 다섯 봉우리를 모두 연결하는 종주 코스이다.

오대산의 일반적인 산행기점은 상원사 입구이다. 상원사에서 계곡길을 따라 25분쯤 올라가면 부속암자인 중대사가 나온다. 여기서 20분쯤 오른쪽으로 돌아서 올라가면 적멸보궁이 나타나는데 적멸보궁은 자장율사가 사당을 지어 부처님의 진신사리를 모시고 있는 네 곳 중의 하나라고 한다. 상원사에서 약 2시간 가령을 오르면 비로봉 정상에 도달한다. 수목 하나 없어 시야가 탁 트이고 돌탑이 쌓인 것이 보인다. 사방으로는 봉우리들이 연이어져 펼쳐져 있다. 북으로는 설악산 대청봉이 보이고, 동으로는 푸른 동해 바다가 넘실거린다.

하산은 북대사 방향으로 잡는다. 정상에서 40분쯤 가면 상왕봉이다. 다시 가파른 능선길을 따라 내려오면 미륵암이라고도 불리는 북대사에 도착한다. 이곳에서 상원사 입구까지는 힘들이지 않고 갈 수있다. 총 5시간의 산행이다.

### 교통편

**대중교통 |** 서울에서 진부까지는 동서울터미널에서 30분 간격으로 운행하는 진부행 시외버스를 이용하여 진부에서 하차한다. 진부에서 상원사까지는 1일 4회(06:30- 20:00)운행되는 상원사행 버스를 이용한다.

**승용차 |** 영동고속도로 진부 IC-좌회전 - 오대산 방향 59번 국도-월정 3거리(월정 주유소)에서 좌회전-간평교에서 왼쪽길 선택-월정사앞 주차장-8.3km북상 - 상원사앞 주차장

### 산행코스

**1코스 |** 상원사 입구-적멸보궁-비로봉-상왕봉-북대사-상원사 입구(약 5시간 30분 소요)

**2코스 |** 오대산장-동대산-1,262봉-두로봉-상왕봉-비로봉-호령봉-동피골-오대산장(약 10시간 30분 소요)

# 오봉산 779m · 부용산 882m

강원도 화천군 간동면 · 춘천시 북산면

형제애에 대해서 생각하게 되는 산이 있다. 강원도 화천에 위치한 오봉산인데, 멀리서 볼 때 오봉산의 다섯 봉우리가 형제처럼 사이좋게 서 있기 때문이다. 그래서 이 산의 이름도 오봉이다.

오봉산만 산행하려면 춘천에서 양구행 버스로 갈아타고 오음리로 넘어가는 배후령고개해발600m 마루턱에서 하차하면 된다. 마루턱을 산행 시작으로 하여 동쪽 가파른 언덕을 약 20분 가면 첫 봉우리에 이른다. 구불구불 돌아온 배후령고개를 뒤로 하며 고사목 능선길을 따라 서남쪽으로 30분쯤 더 가면 갈림길이 나온다. 남쪽 아랫길을 택하지 말고 동쪽 봉우리를 향해 계속 올라가면 2봉우리다. 여기서 조금 더 가면 아슬아슬한 암벽이 나온다.

그러나 바위마다 쇠줄을 잘 매어 두었기 때문에 별 어려움 없이 정상에 오를 수 있다. 이 산행코스가 너무 짧다고 생각한다면 부용산과 오봉산을 연결하는 코스로 산행을 하는 것도 좋다. 춘천에서 직행버스를 타고 소양댐에서 하차한 후, 선착장에서 배를 이용한다. 배에서 내려 선착장을 기점으로 산행을 시작하여 청평골로 향한다. 한참을 오르다 보면 하우고개의 십자로가 나온다. 여기서 북쪽 능선길로 오르는데 한참 후 870.5봉이 나온다. 좀더 북쪽으로 가면 부용산 정상이다. 초원으로 된 정상에서 소양호를 감상하며 휴식을취한 후 서쪽 능선길을 따라 오봉산으로 향한다.

## 교통편

**대중교통 |** 상봉역에서 경춘선 전철 이용, 춘천역 하차. 또는 서울 상봉, 동서울버스터미널에서 춘천행 직행 버스 이용, 춘천버스터미널에서 양구 행 시외버스를 이용, 배후령 하차. 소양댐 행 시내버스는 운행하는 노선이 많이 있다.

**승용차 |** 서울-46번 국도-청평-가평-강촌-의암대교-의암터널-팔미리 IC-우회전-동면감정리 로타리-좌회전-200m-우회전-소양댐 밑세 월교-좌회전-500m-양구방면 우회전-배후령

## 산행코스

소양댐 선착장-청평골-하우고개-북쪽주능선-부용산정상-배치고개-오봉산 정상-청평사-선착장(약 5시간 30분 소요)

# 용화산 878.4m

강원도 화천군 하남면 · 간동면 · 춘천시 사북면

용화산은 아직까지 산에 대한 인간의 경외감이 남아있다. 옛날부터 인근 주민들에게는 영산으로서 정신적인 지주역할을 하였다고 한다. 춘천에서 버스를 갈아타고 춘천댐을 지나 화천길 16km를 달리다 보면 양통 버스 종점에 닿는다. 이 곳에서 오른쪽 비포장 도로를 따라 약 500m들어가면 고성리마을 용화산의 입구에 도착한다.

마을입구 징검다리를 건너서 오른쪽 고탄 고개로 오를 수도 있으나 대개는 경치가 좋고 오르기도 수월한 양통계곡 길을 택해 오른다. 채석장의 돌을 나르기 위해 잘 닦여진 넓은 도로를 따라 10분쯤 가면 갈림길이 나온다. 30분쯤 오르면 평지가 나오고 다시 조금 더 오르면 고개가 나온다.

산 허리를 질러 오른쪽으로 50m 높이의 절벽에 매어둔 자일로프를 잡고 밀고 당기며 가까스로 오르면 또 자그마한 자일코스가 계속된다. 그 뒤를 살짝 돌아 암봉으로 이어진 절경을 따라 정상에 도달한다.

하산길은 30분쯤 내려오면 안부에 이르는데, 여기서 우측계곡으로 빠지는 길로 접어 들어 고탄고개를 지나 778m 고지에서 계곡길로 내려서면 된다. 1시간 반쯤 내려오면 계곡과 계곡이 합쳐져 폭포가 이루 어지고 수백 명이 한자리에 앉을 수 있게 곱게 펼쳐진 방석 바위가 장관을 이룬다. 수백 개의 방석 바위, 그 편평하기 짝이 없는 바위들이 만들어내는 진풍경은 자연에서 즐기고자 하는 풍치를 돋운다.

### 교통편

**대중교통** l 상봉역에서 경춘선 전철 이용, 춘천역 하차. 또는 서울 상봉, 동서울버스터미널에서 춘천행 직행 버스 이용, 춘천버스터미널에서 고성리 양통 행 시내버스를 이용, 종점 하차.

**승용차** l 서울에서 46번 경춘국도로 청평-가평-춘천-소양2교를 건너 춘천댐 방향으로 15분정도 가면 고탄/화천방면 407번 지방도로 우회전으로 진입, 춘천호를 끼고 사북면 고탄리를 지나 10여분 운전해 가면 용화산 등산로 진입 간판이 보인다. 이 곳에 주차하고 등산로로 진입하면 된다.

### 산행코스

양통마을주차장-갈림길-고개-용화산성터-정상-안부-고탄령 -사야골-양통마을(약 4시간 30분 소요)

# 점봉산 1,424m · 망대암산 1,236m

강원도 양양군 서면 · 인제군 인제읍

설악산 국립공원의 남단에 위치해 기존의 내설악, 외설악에 견주어 남설악으로 분류되기도 한다. 결코 시시한 산이 아님에 도 불구하고 설악산에 가려 그 참모습을 제대로 평가받지 못하고 있는 산이다.

코스는 여러가지로 잡을 수 있지만 대표적인 것은 역시 오색에서 시작하는 코스이다. 오색약수에서 한계령쪽으로 가다보면 성국사터가 나온다. 성국사터를 지나면 선녀탕이 나온다. 이 곳을 뒤로하고 큰고래골로 약 30분 가면 갈림 길이 나온다. 오른쪽은 용소폭포, 왼쪽은 주전폭포로 향한다.

주전폭포와 12폭포 를 지나 1시간 30분 가량 능선에 오르면 네 갈래길의 고개가 나온다. 여기에서 정상까진 등산로도 뚜렷하고 그다지 험하지 않지만, 눈이 많이 내린 날에는 매우 힘든 코스이다. 1시간쯤 더 가면 망대암산1,236m이 나온다. 능선을 타고 50분 정도 걸으면 드디어 점봉산 정상이다.

하산은 북 동쪽 능선을 타고 시작한다. 샘과 평지가 있는 홍포수막터에서 단목령쪽으로 계속 가지 말고 가는 고래골로 방향을 바꾼다. 1시간 가량 오색을 향해 내려가면 총 6시간 30분의 산행이 끝난다.

한편, 아주 색다른 코스도 있다. 점봉산의 남쪽 벌막골에서 시작해 호랑이 코빼기, 곰배령, 작은 점봉산1,295m을 지나 점봉산으로 오르거나, 한계 령에서 시작해 망대암산을 거쳐 점봉산으로 가는 길도 있다.

**교통편**

**대중교통** | 서울 상봉 터미널이나 동서울 터미널에서 속초행 시외버스를 타고 오색에서 내린다.

**승용차** | 서울 망우리 고개 - 6번국도 - 양평 - 44번국도 - 70.7km - 한계리 민예단지 휴게소 앞 삼거리 - 25km- 한계령 - 오색온천 입구 - 우회전 - 오색약수 종합주차장

**산행코스**

오색-성국사터-용소폭포-주전골-고개-망대암산-점봉산-홍포수막터-안터-민박촌(약 6시간 소요)

# 청옥산 1,256m

강원도 평창군 · 정선군

청옥산이라고 하면 사람들은 제일 먼저 두타산의 연계 산행 코스로 많은 사랑을 받는 삼척의 청옥산을 떠올리 지만, 같은 이름이라도 다른 매력을 가진 것이 이 평창의 청옥이다. 주변에는 가리왕산1,561m과 중왕산 1,371m등이 자리하고 있으며, 비 교적 평탄한 능선을 가지고 있다.

청옥산의 정상은 그저 능선의 이어짐이다. 소박한 나물을 가슴에 키우는 산이라서 그런지 특별히 모난 곳도 꺼진 것도 없이 평탄하다. 그런 정상에는 육백마지기라고 불리는 평원이있다. 이 곳에서는 고랭지 채소를 재배한다고 한다. 높은 산은 척박하고 아무것도 농사짓지 못한다고 생각했던 것도 이제는 정말 고리짝 신세가 되었다.

이 육백마지기라는 이름의 유래가 재미있는데, 이 땅의 면적이 볍씨 600두락이 된다고 하여 육백마지기라고 이름 붙였다고 한다. 두락과 마지기는 둘 다 논과 밭의 넓이를 나타내는 단위로 보통 한 말의 씨를 뿌릴 수 있는 면적을 의미한다. 보통 논은 200평을 한 두락, 밭은 300평을 한 두락이라고 하니 이곳 평원이 얼마나 넓은지 가늠할 수 있을 것이다.

농사를 짓지 않는 도시에서는 점점 잊혀져가는 말인 두락과 마지기. 오랜만에 듣는 정겨운 말에 푸근함이 느껴진다. 이렇게 어머니 품같이 따스하고 부드러운 것이 청옥산의 매력이다.

### 교통편

**대중교통 |** 서울동서울터미널에서 평창행 시외버스를 1일 9회 운행하고 있으며, 3시간 20분 정도 소요된다.

**승용차 |** 영동고속도로 새말 IC우회전한 후 42번국도를 이용하여 안흥-평창-미탄리에 도착 / 영동고속도로 장평 IC 31번 국도경유 평창에서 정선방향 42번 국도를 이용하여 노론리-미탄리-평안리에 도착

### 산행코스

**1코스 |** 지동리(버스종점)-능선-정상-서남쪽능선(삿갓봉 방향)-갈림길-지동리(약 4시간 30분소요)

**2코스 |** 지동리-능선-정상-서남쪽능선-용수골(구만동)-수리재(약 5시간소요)

**3코스 |** 회동, 평안리-육백마지기-헬기장-정상-서남능선-삿갓봉-자진 구비-수리재(약 8시간 소요)

# 치악산 1,288m

강원도 원주시 소초면 · 판부면 · 신림면 · 횡성군 안흥면

강원도 원주시, 횡성군, 영월군 수주면의 경계에 위치한 치악산은 우리나라 5대 악산 중 하나이며 치악산맥을 이루고 있다. 원주시를 기점으로 동남방 12km 떨어진 태백산 줄기의 치악산은 병풍과 같이 남북으로 길게 뻗쳐 있다.

주봉은 비로봉1,288m이라 불리며 남쪽 끝이 남대봉1,182m이다. 이 두 봉은 14km의 능선으로 이어져 있다. 이 곳은 원주에서 서울로 통하는 교통의 요충지일 뿐 아니라 분지가 많아서 강원도의 곡창지 역할을 하고 있다.

이 산의 옛이름은 적악산赤嶽山으로 가을의 빼어난 단풍에서 비롯된 이름이다. 그러나 뱀에게 먹힐뻔 했던 꿩을 구해준 선비가 그 꿩의 보은으로 위기에서 목숨을 건졌다 는 '상원사 종소리' 전설에 따라 치악산이라 불려지고 있다. 치악산은 화강암 석질의 뾰족뾰족하고 날카로운 기가 넘치는 젊은 암산이다. 봄, 여름에는 무성한 숲과 수량, 각종 희귀식물이 많아 좋고, 가을이면 단풍, 겨울에는 온 산을 뒤덮는 설경의 정취가 많은 사람들을 이산에 몰려들게 한다.

산행은 주차장에서 시작하는데 그곳에서 하차하여 공원매표소를 통과, 구룡사를 거쳐 큰 골을 따라 50분 정도 오르면 이골 저골에서 모여든 물, 세렴폭포가 나온다. 여기서 갈림길이 나오는데 직선으로 가면 정상으로 가는 사다리 병창길, 우측 옆 계곡길로 올라도 비로봉 정상이다. 험한 등로를 철다리, 나무계단, 돌계단으로 잘 닦아 놓았으나 산이 워낙 높기 때문에 산행이 그리 쉽지는 않다.

**교통편**

**대중교통 |** 서울에서 고속버스나 열차로 원주로 이동한다. / 원주에서는 횡성, 안흥 경유 부곡행 시내버스(1일 4회, 약 2 시간 소요)를 이용하거나, 구룡사 방면 원주역 41, 41-1, 41-2(25분 간격) 이용한다.

**승용차 |** 영동고속도로 새말나들목-원주 방면 42번 국도-학곡리-구룡사 입구 매표소 / 원주-42번 국도 14Km-학곡-구룡사

**산행코스**

주차장-공원매표소-세렴폭포-비로봉 정상-쥐너미재-구룡사-주차장(약 5시간 소요)

특히 겨울철에 아이젠 없이 이 능선을 등반하는 일은 위험하다. 등로 좌우로는 참나무, 머루넝쿨 등이 하늘을 뒤덮고 있으며, 간간이 험한 등선과 바위가 앞을 막는다. 숨막히는 가파른 길로 한발 한발 내딛으며 악전고투 끝에 약수터 고개에 올라선다. 10분쯤 후 8부능선에 올라서면 보호수인 주목을 비롯하여 철쭉나무, 단풍나무가 주종을 이룬다.

정면의 입석사 상원사를 알리는 이정표를 바라보며 정상에 오른다. 용진수 씨가 10년이 넘는 세월동안 3번에 걸쳐 애써 쌓았다는 미륵돌탑 3개가 봉우리 위에 우뚝 서 있다. 정상에 서면 가까이는 원주, 횡성이 보이고, 남으로 향로봉1,043m과 남대봉1,182m 이, 멀리는 단종의 눈물길 영월이 가물거린다. 그러나 기후변화가 심하고 아침 저녁으로 운무가 많아 주변 경관을 둘러보려면 운이 좋아야 한다.

# 태백산 1,567m

강원도 태백시 · 경북 봉화군

백두대간에서 능선상에 솟아오른 산이 태백이다. 이 산은 지리적인 위치 때문에 문화적, 역사적으로 중요한 의미를 갖고 있다. 정확한 행정구역으로는 강원도 태백시와 경북 봉화군 석포면의 경계에 서 있다.

이 산은 태백시에서 가깝고 주변에 고산준령과 빼어난 계곡이 많아 등산객들의 발길이 잦은 곳이다. 산세가 그리 험하지는 않지만 산봉우리가 크고 늠름하여 남성적인 매력이 느껴지는 산이다. 태백산에서 흘러내린 물이 남한강과 한강을 이루는 근간이 된다. 태백이란 말을 우리말로 풀면 크고 밝다

는 뜻으로 '한밝 뫼' 라 부른다.

산이 온통 흰 자갈로 되어, 쳐다보면 흰 눈이 쌓인 것처럼 밝게 빛난다하여 붙여진 이름이라 한다. 태백산은 한민족의 시조인 단군에게 제사드린다는 '천제단' 을 비롯해서 단과 전각 등 토속신앙의 흔적이 많다. 단군신화에 나오는 '태백산신단수' 가 어디를 말하는지 여러가지 설이 있다.

백두산이나 묘향산인지, 이름 그대로의 태백산인지는 확인할 수 없다. 하지만 산 전체가 무속적인 풍물로 가득한 것으로 보아어느 정도는 영향을 받은듯 하다.

산행은 백단사나 유일사에서 시작하여 천제단을 경유해 문수봉을 지나 당골로 하산 하는게 보편적인 코스다. 정상에 서면 산 북쪽은 험한 골과 급경사의 봉우리가, 남쪽에는 수려한 산수를 배경으로 마을이 형성된 것이 보인다. 그리고 사방을 둘러 강원도의 여러 산들을 조망할 수 있어 가히 태백의

위력을 실감할 수 있다. 산행에 걸리는 시간은 총 4시간 30분이다. 백단사 입구에서 시작하는 산행코스는 다음과 같다.

낙엽송 조림지대를 지나 넓은 산 자락을 타고 아름드리 잡목이 우거진 길을 약 50분쯤 오른다. 여기서 능선에 올라 봉우리 를 몇 개 넘고 넘으면 1,000m 이상 되는 고지에 수백 년 묵은 주목과 드문드문 끼어 있는 고사목들이 버티고 있다. 멋진 경치를 즐기면서 만경사, 단종비각, 천제단을 계속 오르 다 보면 정상에 도달한다. 태백산 주변에도 둘러 볼 만한 곳이 많다.

낙동강 상류 황지천 의 강물이 이르러 큰 산을 뚫고 지나면서 석문을 만들고 깊은 소를 이룬 구문소라는 곳도 볼거리 중의 하나이다.

**교통편**

**대중교통 |** 서울 청량리역에서 태백행 열차를 타거나 동서울터미널에서 직 행버스를 타고 태백시까지 간다. 태백시에서 현동(현리)행 버스를 타고 유일사 입구에서 내린다.

**승용차 |** 영동 고속도로-만종 IC-중앙고속도로-서제천 IC-제천시-38번 국도(영월 방면)-영월시-석항(우회전)-31번 국도(태백 방향)-화방재-유일사입구-백단사입구-당골주차장

**산행코스**

유일사 입구-유일사-장군봉-정상-단종비각-문수봉-단군성전 -당골버스종점(약 4시간 30분 소요)

# 함백산 1,573m

강원도 정선군 고한읍 · 태백시

'석탄' 하면 제일 먼저 떠오르는 것은 시커먼 석탄가루를 얼굴 여기저기에 묻힌 광부, 가난한 강원도의 탄광의 입구 모습 같은 것들이다. 일제시대, 가난하여 갈 곳 없고 배울 곳 없는 강원도 사람들의 생계를 책임졌던 곳이 탄광이었다. 저만치 길을 걸어가면 따라오는 시커먼 발자국들, 빨래 한번 제대로 널 수 없게 만드는 탄가루들, 일을 그만두지 않는 한 나을 수 없는 진폐증, 어렵고 고단한 생활의 연속, 끝없는 막막함… 우리가 막연하게 알고 있는 석탄에 대한 이미지와 탄광에 대한 이미지를 간직하고 있는 곳이

함백산이다. 함백산은 전국 최고 최대의 민영탄광인 동원탄좌, 삼척탄좌 등을 가지고 있기 때문이다.

함백산은 강원 동부의 최고봉으로 정상에서 태백산, 백운산 등 지역 전체와 동해 일출 전망이 가능하다. 천두문동재싸리재에서 정상으로 가는 길은 등산로가 뚜렷하고 내내 조망이 시원해 눈이 즐겁다.

함백산에는 천연보호림으로 지정된 지역이 있는데 여기에는 오래된 주목이 수백 그루 있어 등산의 즐거움을 더해주기도 한다. 북서쪽 사면에는 신라시대에 건립한 것으로 알려진 정암사가 있다.

함백산의 품에 안긴 정암사는 신라 선덕여왕 5년에 자장율사가 창건하였으며 경내에는 보물 제410호인 수마노탑과 천연기념 물인 열목어 서식지가 있다. 겨울철 산행의 일미로 설원에서 펼쳐지는 주목군락지의 사열은 장관이다.

### 교통편

**대중교통 |** 서울 동서울버스터미널에서 태백 행직행 버스를 이용, 또는 청량리역에서 열차 이용, 태백역 하차. 상동 행 버스를 이용, 화방재 하차.

**기차 :** 청량리-추전역 새마을호, 무궁화호

**승용차 |** 영동고속도로 남원주-중앙고속도로 제천 IC 제천-38번 국도-영월-상동을 거쳐 태백으로 이어지는 국도 31호선을 따라가면 화방재고개 도착.

### 산행코스

**싸리재 코스 |** 싸리재(130분)-제3쉼터(20분) -주목군락지(20분) -정상(40분)-만항재(약 4시간)

**적조암입구 코스 |** 적조암입구(20분)- 적조암삼거리(60분)-샘터사거리(60분)-제3쉼터(40분)-정(40분)-만항재(약 3시간 40분)

# 충청 · 대전

등산은 말 그대로 산을 오르내리는 작업이다.
꼭대기까지 올랐다가 다시 시작한 원지점으로 돌아오는 과정.
그것을 우리는 등산, 산행 등의 용어로 부른다.
모든 여행이 그러하듯 등산 또한 떠났다가 간
길을 다시 돌아오는 과정이다.

# 가야산 677.6m

충남 예산군 덕산면

산위에서 바라보는 해의 부상과 낙조의 아름다움을 볼 수 있는 산, 그런 매력인 산이 충남 예산의 가야산이다. 가야산은 보령 오서산에서 북쪽으로 뻗어 예산군과 서산시 의 경계선상에 솟아 있는 산이다. 서해안의 5대 산 중에 두 번째로 높은 산이기도 하다.

정상 가시봉에서 원효, 석문, 옥양의 4대봉으로 연결된 능선에는 아기자기한 바위들이 많아 눈길을 끈다. 옥녀 폭포가 있는 계곡까지 있어 그 경치에 경치를 더한다. 산꼭대기나 옥양봉 정상에서 동쪽으로 1분을 거리에 있는 쉰길바위 절벽에서 보이는 아름다운 석양은 이루 말할 수 없이아름답다. 산위에서 지켜보는 이들의 여운도 쉽사리 사라지지는 않는 것 같다. 고요한 가슴의 울림이 몸속에서는계속된다.

수평선너머로 붉은 빛이 거의 사라져 버릴 때면, 장관이 끝난 아쉬움에 고개가 저절로 숙여진다. 높다란 산 위에서 보았을 때 더욱 잘 보이는 석양과 낙조, 해돋이, 그 멋진 풍경은 바다에서는 볼 수 없다. 더구나 산의 온전한 아름다움은 산에 올라섰을 때는 느낄 수없다.

그것은 산 아래에 서서 산의 전체 모습을 올려 보았을 때, 산을 오르는 것이 아니라, 산에서 내려서는 바로 그때에 볼 수 있는 것이다. 늘 우리는 무언가를 얻기 위해 갈구하고 끊임없이 그 뒤를 쫓아간다.

### 교통편

**대중교통 |** 덕산 버스 정류소에서 4회 운행하는 상가리행 버스를 타고 종점에서 내리면 된다. 예산과 삽교 및 홍성에서 덕산행 버스가 자주 있다.

**승용차 |** 1. **서울, 해미-가야산 :** 서해안고속도로-해미 IC-45번 국도(덕산, 예산방향)-덕산 5거리(좌회전)-옥계리-상가리 주차장

2. **서울, 천안-가야산 :** 경부고속도로- 천안 IC-21번 국도(예산, 덕산 방향)-덕산 5거리(우회전)-옥계리-상가리 주차장

### 산행코스

남연군묘 갈림길-등산로 개설 기념비-옥녀폭포-삼거리-석문봉-큰고개-가야산-큰고개-상가 저수지-남연군묘 갈림길(약 3시간40분 정도 소요)

# 계룡산 845m

충남 공주시 반포면, 계룡면, 계룡시. 대전광역시

닭鷄, 용龍이라는 이름에서 볼 수 있듯 계룡산은 천황봉을 중심으로 여러 개의 봉우리가 연달아 이어진 모습이 닭벼슬을 쓴 용의 형상이라 해서 붙여진 산의 이름이다. 충남 공주시 계룡면과 계룡시, 대전광역시의 경계에 위치한 계룡산은 금남정맥의 끝자락에 솟아오른 명산이다. 동학사 쪽에서 올려다 보면 고개가 절로 끄덕여질 정도로 산 전체가 그윽한 신비와 아름다움으로 가득하다. 특히 단풍에 물든 가을과 눈덮인 겨울의 풍경이 장관이다.

특히 단풍에 물든 가을과 눈덮인 겨울의 풍경이 장관이다. 계룡산은 삼국시대부터 백제를 대표하는 명산으로 여겨져 왔다. 그리고 통일신라시대에는 묘향, 지리, 태백, 팔공산과 함께 5악 중의 하나였으며, 조선시대에는 3악 묘향, 계룡, 지리산중 중악으로 지정되어 보호를 받아왔다.

풍수 또한 뛰어나서 조선 태조가 도읍으로 삼기 위해 정상인 천황봉의 남쪽에 있는 신도안에 주춧돌까지 세웠을 정도이다. 계룡산은 삼국시대부터 백제를 대표하는 명산으로 여겨져 왔다. 풍수가 좋고 정기가 맑아서일까? 예언서 정감록이나 삼한산림비기, 감결, 격암유록 등에 의하면 머지않아 이곳에 성인이 나타나 새 세상을 열게 된다고 예언하고 있다. 이에따라 계룡산은 각종 신흥종교와 무속신앙이 성황을 이루고 있다.

또한 계룡산에 자리한 동학사는 과거의 굵직굵직한 충신들의 흔적을 느낄 수 있는 곳이다. 원래 동학사의 시작은 936년 신라가 망하자 대승관大丞官

**교통편**

**대중교통 |** 서울 강남고속터미널에서 고속버스를 타고 대전에 가서 동학사행 시내버스로 갈아탄다. 갑사로 가려면 남부터미널에서 직행버스를 타고 공주에 가서 갑사행 직행 버스나 신원사행 시내버스로 갈아탄다.

**승용차 |** 호남고속도로 유성 IC-32번국도 공주방향 7.5km 진행-조각공원 앞에서 좌회전 후 1번 국도로 1.5km 진행-학봉초등학교에서 우회전-1.8km-동학사 입구

**산행코스**

**1코스 |** 주차장-신원사-연천봉-문필봉-관음봉-은선폭포-동학사-극락교(약 4시간소요)

**2코스 |** 주차장-동학사-오뉘탑-삼불봉-금잔디고개-신흥암-갑사주차장(약 3시간소요)

**3코스 |** 신원사-고왕암-등운암-연천봉-문필봉-관음봉-삼불봉-오뉘탑-주차장(약 5시간 소요)

유거달柳車達이 이곳에 와 신라의 시조와 충신 박제상朴堤上의 초혼제를 지내기 위해 절을 지으니 승려들이 모여들어 사찰이 커지면서 이름을 동학사로 바꾸었다.

또한 1394년태조 3 고려의 유신 길재吉再가 고려 태조와 정몽주의 제사를 지냈고, 1457년세조 3에는 김시습金時習이 사육신의 초혼제를 지내고 단종의 제단을 증설했다.

계교를 부려 왜국에서 신라의 왕자들을 빼돌리고는 자신은 그곳에서 죽음을 당한, 그리하여 아내가 망부석으로 변해버렸다는 전설을 가진 박제상, 백이와 숙제를 꿈꾸며 고려의 마지막 충을 다한 인물로 남은 길재와 정몽주, 세조의 단종폐위에 반대하다 능지처참 당한 사육신… 그들의 충을 생각하다 보면 산을 오르던 발걸음이 묵직해진다.

# 계족산 423m

대전광역시 대덕구 연축동 · 비래동 · 동구 추동 · 장동

대전 계족산의 계족鷄足은 한자 그대로 '닭의 발'이라는 뜻으로 산줄기가 닭발처럼 퍼져 나갔다하여 닭발산 혹은 닭다리산으로도 불리고 있다.

과거부터 닭은 가장 먼저 일어나 새벽을 알린다고 해서 불교에서 불교에서 깨달음의 주체 또는 덕성을 가진 상징적인 의미로 해석돼 왔다. 뿐만 아니라 닭은 꼿꼿한 닭벼슬같은 당당함, 모이를 먹을 때 혼자먹지 않고 다른 닭을 불러 함께 먹는 인정스러움, 새벽이 되면 어김없이 시간을 알리는 성실함 등 세 가지 덕성을 지녔다고 전해져 내려왔다.

### 교통편

**대중교통** | 서울 강남 고속버스터미널에서 대전까지 고속버스를 이용한 후 법동, 읍내동, 회덕으로 가는 시내버스로 갈아타면 된다.

**승용차** | 경부고속도로 하행선 신탄진 톨케이트에서 빠져나와 대전역 방향으로 우회전-17번 신탄진로 고가도로-계족산길

### 산행코스

비래동종점 - 비래사 - 절고개 - 계족산성 - 성재산방면 - 용화사갈림길 - 정상 - 봉황정 - 용화사 - 제월당 옥오재(5시간 소요)

민간에서는 수호초복의 기능이 있어 정월원일에 호랑이와 닭 그림으로 액을 물리치고, 상원일에 새벽에 우는 닭의 울음소리를 들으면 풍년이 든다고 전해져 왔다. 그래서일까, 닭의 기운이 서린 계족산에 전해오는 이야기로는 계족산의 짐승을 건드리지 않는 것을 불문율로 지켰다고 한다.

이곳에는 노루나 토끼 등 짐승이 많았으나 수렵꾼들조차 계족산의 짐승을 잡는 것을 두려워 했다는 것이다. 뿐만 아니라 〈세종실록지리지〉 회덕현조에는 계족산에 대해 "향인이 이르기를 하늘이 가물 때 이 산이 울면 반드시 비가 내린다" 라고 적혀있다. 계족산의 정상에 오르면 대전시내를 내려볼 수 있으며 그 주변을 경부고속도로가 지나가고 있다. 정상에 팔각정인 봉황정과 전망대가 세워져 있으며 능선을 따라 계족산성이 축조되어 있다.

# 광덕산 699m · 망경산 600m

충남 천안시 광덕면, 아산시 송악면, 배방면

'광덕산' 이라는 이름을 들으면 반사적으로 머릿속에 떠오르는 이가 있다. 운초 김부용 우리는 그를 송도의 황진이, 부안의 이매창과 함께 조선시대를 대표하는 빼어난 기생으로 기억한다.

그는 특히나 시에 재주가 있었다고 하는데, 그것을 증명하듯 절절한 사랑과 그리움을 노래한 몇 권의 시집이 남아서 전한다. 부용의 묘는 이 광덕산 기슭에 자리잡고 있다. 부용묘와 더불어 주변에는 아산 현충사와 온양 민속 박물관이 있으니 함께 둘러볼 만하다.

**교통편**

**대중교통 |** 천안시: 광덕사 주차장 천안역이나 버스터미널 앞에서광덕사행 일반버스 61번 또는 좌석버스 600번을 이용, 종점 하차(20분 소요) 아산시 강당리: 아산시에서 강당리행 시내버스 이용, 종점하차(15분 소요)

**승용차 |** 경부고속도로 천안인터체인지를 빠져나와 천안시에서 풍세방면으로 빠지는 629번 지방도를 타면 천안공원을 지나 산행기점인 광덕사에 이른다.

**산행코스**

광덕사 - 안산마을 - 안부(장군바위) - 서남릉- 정상(가마봉) -동남능 - 삼거리 - 광덕사 -주차장(약 3시간)

광덕산은 충청남도 아산시 배방면 · 송악면과 천안시 광덕면 광덕리에 걸쳐 있는 산으로 높이는 699m이다. 아산시 송악면과 광덕면 광덕리의 경계에 있는 천안에서 가장 높은 산이다.

예로부터 산이 크고 풍후豊厚하여 덕이 있는 산이라 하였다. 신령스러운 호국 명산 중의 하나로 나라에 전란이 일어나거나 불길한 일이 있으면 산이 운다는 전설이 전해져 온다. 광덕산 부근에서 생산한 호두는 껍질이 얇고 알이 꽉 차서 천안시의 대표적인 특산물이다. 산에는 광덕사, 잣나무 군락지, 장군바위, 강당사 등의 볼거리가 많다.

더불어 광덕사에는 고려사경보물 390 · 광덕사 대웅전충남문화재자료 246 · 광덕사 삼층 석탑충남유형문화재 120 등의 문화재가 있고, 이밖에도 호도나무 전래비가 있다.

# 금수산 1,016m

충북 제천시 수산면, 단양군 적성면

금수강산의 이름을 그대로 받아쓰는 아름다운 산이 있으니, 그것이 바로 금수산이다. 본래는 백암산 혹은 백운산이란 이름을 가졌었으나, 퇴계 이황이 단양군수로 부임하였을 때 산의 아름다움에 탄복하여 금수산이라 고쳐 부르게 되었다는 이야기는 매우 유명하다.

봄에는 철쭉, 여름에는 녹음, 가을에는 단풍, 겨울에는 설경이 아름다워 북벽, 온달산성, 다리안산, 칠성암, 일광굴, 죽령폭포, 구봉팔문과 함께 제2의 단양팔경로 꼽는다 하니 그 아름다움을 보지 못한 사람은 짐작도 하지 못할 것이다. 금수산에서 놓치지 말아야 할 비경 중 하나는 '물' 이 만들어내는 장관이다.

그 으뜸이 용담폭포인데, 이는 선녀탕과 함께 금수산의 대표적인 명소로 꼽힌다. 용담폭포의 물은 용처럼 기세 있게 내리치며 새하얀 물보라를 일으켜 장관을 연출한다. 선녀탕은 동그랗게 패여 천연목욕탕의 절묘함을 보여준다. 이에 이어 여름에도 얼음이 언다는 얼음골도 유명한데, 여름에 들러 삼복더위를 날리는 것도 좋을 것이다.

금수산 정상은 비좁은 암봉이기에 쇠 난간으로 둘러져있다. 여기서 보이는 충주호는 마음까지 탁 트이게 하는데 과연 육지속의 바다라 불릴 만큼 넓고 청명하다. 그 물결속에 산 그림자를 안고 출렁이는 충주호는 금수산의 아름다움을 한 층 돋보이게 한다.

**교통편**

**대중교통** | 청량리에서 중앙선 열차를 타거나 동서울터미널에서 직행버스를 타고 매포에 도착, 적성행 시내 버스로 갈아탄 후 상리에서 하차한다. 제천에서 백운동행 버스를 타도 된다.

**승용차** | 중앙고속도로 북단양 IC-진출 후 좌회전-8.7Km-상리-상리삼거리-금수산

**산행코스**

**1코스** | 상리-당집-절터-정상-서부능선-갈림길-얼음굴-능강계곡-능강교(약 4시간 30분 소요)

**2코스** | 백운동 정류장-용담폭포-망덕봉-정상-광산터 -백운동 정류장(약 4시간 소요)

# 대둔산 878m

충남 논산시 벌곡면, 금산군 진산면, 전북 완주군 운주면

대둔산은 충남 금산군과 논산시, 전북 완주군 운주면에 걸쳐 접경을 이루고 있으며, 넓은 평야를 바라보며 솟아 있는 암산이 약 6km 이상 이어지면서 산세를 자랑한다. 남쪽인 전북 쪽의 대둔산은 산세가 기암절벽이고 북쪽인 충남 쪽의 산세는 대체로 완만하면서 수림이 좋다.

지난 90년 11월부터는 해발 600m 지점까지 케이블카를 설치, 운행하고 있어서 누구라도 어렵지 않게 대둔산 정상을 오를 수 있다. 대둔산은 큰 봉우리에 나무와 풀이 무성하게 자라고 있다하여 붙여진 이름이다.

산행 코스는 금산쪽 석천암 코스와 주차장 코스가 있다. 그러나 대부분의 사람들은 시간이 좀 걸리더라도 경관이 좋고 산 전체를 감상할 수 있는 배티재를 많이 택해 오른다. 주차장에서 약 200m 못 미쳐 있는 배티재에서 60도의 가파른 능선을 타고 오른 후, 고개 하나를 넘어 금산쪽으로 돌아 오른다.

서북쪽으로 30분쯤 걸으면 태고사가 나온다. 여기서 남쪽 능선을 타고 약 40분을 더 가면 정상 마천대에 오른다.

철계단을 타고 하산을 하면 삼선바위에서 솟아나는 약수가 산행에 지친 이들을 반갑게 맞이 한다. 케이블카를 이용하지 않고 아래로 내려가서 지상 80m 높이에 매달린 구름 다리를 걸어 보는 것도 대둔산만의 묘미를 만끽할 수 있는 절호의 기회이다.

**교통편**

**대중교통** | 서울에서 대전까지 열차나 고속버스를 이용한 후 대전 서부시외 버스터미널에서 대둔산행 직행버스로 갈아타면 된다. 전주에서도 대둔산행 버스가 수시로 다닌다.

**승용차** | 경부고속도로-비룡분기점-중부고속국도-금산 IC-678번 지방도-복수3거리(좌회전)-진산-배티재-용문골-기동주차장

**산행코스**

배티재-태고사-능선-마천대-삼선약수터-구름다리-매표소(약 4시간 소요)

# 도락산 964.4m

충북 단양군 단성면, 대강면

충북에 위치한 도락산은 청풍명월의 도를 즐기는道樂 산으로, 조선의 유학자 우암 송시열이 "깨달음을 얻는 데는 나름대로의 길이 있어야 하고 또한 즐거움이 따라야 한다." 고 말한 데에서 그 이름이 연유되었다.

이곳은 우리나라 8대 명승지로 손꼽히는 단양 8경 중 4경을 안고 있어 보는 이의 눈을 즐겁게 한다. 그만큼 산을 보는 즐거움을 마음껏 느낄 수 있는 곳이라 할 수 있다. 그저 눈으로 산을 둘러보는 것만으로도 즐거운 산, 자연의 도를 즐길 수 있는 산이 바로 도락산이다.

소백산에서 흘러오는 남한강 상류를 끼고 기암괴석과 수려한 봉우리들이 병풍처럼 둘러 서 있으며, 물이 굽이쳐 흘러내리는 절벽이 장관을 이루고 있다.

또한 강변을 따라 비단결같이 솟은 사인암과 낙락장송에 삼선구곡을 거쳐 6경의 중선암, 5경의 5선암으로 이어져 흔히 볼 수 없는 절경이 이어진다.

보통의 산을 걷는 것도 즐거운데, 볼거리 가득한 도락산을 오르는 것은 얼마나 즐거운 일인가.

송시열이 말한 '깨달음' 은 이와 같이 자연과 인간의 연관성을 찾는데서 얻는 교훈이며, 그곳에서 느끼는 즐거움이 곧 도락이 아닐까 생각한다.

**교통편**

**대중교통** I 단양까지는 서울 청량리역에서 출발하는 단양행 기차를 이용하거나 동서울터미널에서 40분 간격으로 출발하는 버스를 이용한다. 신단양에서 상선휴게소까지는 시내버스가 수시로 운행한다.

**승용차** I 중앙고속도로 단양 IC-단양방향 5번국도 2km 진행-단양교에서 좌회전-충주방향 36번 국도로 2.1km 진행- 중방리에서 점촌방향 59번 국도로 좌회전-가산교-상선암

**산행코스**

상선암 휴게소-상선상봉-삼거리 안부-신선봉-정상-계곡길-광덕암-산성터(약 4시간 30분소요)

# 도명산 632m

충북 괴산군 청천면

'푸른 물, 청산' 을 즐기던 송시열이 특히 사랑하던 산이 도명산이다. 퇴계는 도산구곡陶山九曲, 율곡은 고산구곡高山九曲, 이항로는 벽계구곡을 경영하였듯이, 우암 송시열은 도명산에서 화양구곡華陽九曲을 경영했다.

우암선생은 화양동의 아름다운 명소 화양구곡에 이름을 붙이고 그 아름다움을 즐기며 여러 곳의 바위에 친필 글씨를 새겼다. 제1곡 경천벽 옆에 쓴 화양동문, 금사담 반석 위의 창오운단 무이산공과 첨성대 아래의 대명천지 숭정일월 등은 우암의 글씨로 알려져 있다.

서울에서 청주까지 고속버스를 이용하여 청주에서 시외버스를 갈아타고 화양리에서 내린다. 그곳에서 화양1교를 건너가면 화양구곡 중 1곡인 경천벽을 먼저 만난다. 주차장과 매표소를 지나 화양2교를 건너면 화양서원터와 만동묘를 지나게 된다. 화양서원터에서 길을 따라 300m정도 가면 우거진 송림사이로 암서대가 모습을 드러낸다. 이곳이 4곡인 금사담이다. 여기서 300m쯤 더 가면 산행기점인 화양3교에 닿는다. 화양3교, 서능언덕, 정상, 마애불, 그리고 계곡입구를 잇는 코스가 일반적인 산행코스이다.

하산은 동쪽 가파른 길로 내려서야 한다. 계곡과 능선을 지나 옛절 낙양사터에 이르면 커다란 마애불상이 한눈에 보인다. 신기하게도 마애불상 아래는 약수가 있고 그의 자비를 상징하듯 소원을 비는 촛불이 곳곳에 눈에 띈다. 이곳에서 더 내려가 철다리를 건너 계곡을 따라가다 보면 물줄기가 가슴 가득 시원함을 안겨주는 화양천에 닿는다.

**교통편**

**대중교통** | 서울에서 청주까지 고속버스를 타고, 청주에서 시외버스를 갈아타고 화양리에서 하차한다.

**승용차** | 경부고속도로 - 청주 IC - 청천 -화양동

**산행코스**

화양교 - 안부 - 마애불 - 정상 - 마애불 - 계곡- 화양교(약 4시간 소요)

# 두타산 598m

충북 진천군 초평면

속세의 번뇌를 버리고 불도의 수행을 닦는 수행방법을 두타행頭陀行이라 부른다. 총 13가지인 두타행에는 옷에 관한 항목이 2가지, 음식에 관한 항목이 5가지, 주거에 관한 항목이 5가지, 정진에 대한 항목이 1가지가 있다. 두타행의 제 일인자는 마하가섭존자였다.

부처님은 좋은 가사를 입고 있는 마하가섭존자가 두타행 수행에 어울린다는 사실을 아시고, 당신의 남루한 가사와 바꾸었다. 이 가사를 교환한 일은 선종에서 말하는 의발을 전수 했다기 보다는 마하가섭존자에게 알맞은 수행

### 교통편

**대중교통 |** 서울에서 청주행 고속버스를 이용한 후 진천행 시외버스로 갈아탄다. 진천에서는 증평방면의 시내버스를 타고 용정리에서 하차하면 된다.

**승용차 |** 서울-중부고속도로-진천 톨게이트-21번 국도 진천방면-34번국도 초평로 신성사거리에서 증평방면으로 좌회전해서 가면 영구리가 나온다.

### 산행코스

영구리-영수암-정상-용정교(4시간)

법을 가르치는 과정에서 일어난 일이었다.

마하가섭존자는 아라한이 된 후에도 철저한 두타행을 실천했으며, 부처님께서 완전한 열반에 드실 때, 승단의 중요한 위치에 있었기 때문에, 1차 결집을 주도하게 되었던 것이다.

이 불교용어를 이름으로 갖고 있는 두타산은 그래서인지 부처가 누워 있는 형상을 하고 있는 영수암을 산자락에 품고 있다.

초평면 영구리가 산행의 기점이다. 영수암을 지나 동쪽으로 난 산길을 따라 1시간 30분 가량 올라가면 정상이다. 정상에서는 증평읍과 진천읍의 북쪽과 동쪽의 바둑판 같은 넓은 뜰이 한눈에 들어오며, 아래로는 초평저수지가 보인다.

# 마니산(마리산)640m

충북 영동군 양산면

마리산摩尼山은 그 지형이 한 마리의 문어가 금강을 향해 발을 뻗친 모양으로 되어 있으며, 산 둘레에는 시계방향으로 어류산, 시루봉, 봉화산 등이 둘러쳐져 있어 그 운치를 더하고 있는 산이다.

동서로 1,300m의 병풍을 두른 듯 기암절벽이 절경을 이루고 그것이 천연적인 성 역할을 하여 암벽을 토대로 삼국시대에 동으로 100m, 남으로 1,000m의 성을 쌓았다고 한다. 마리산에서 특히 눈여겨 볼 볼거리 중의 하나는 거대한 바위성같은 바위절벽을 안고선 향로봉이다.

**교통편**

중심이길로 산행하려면 양산(영동군 양산면)에서 바로 앞 송호관광지로 가면 금강을 건너 봉곡리로 가는 봉곡교가 있다. 19번 군도로 봉곡리를 지나면 금강변이 되고, 여기서 10번 군도로 금강을 따라 가면 중심이로 들어가는 13번 군도가 갈라져 들어간다. 거꾸로 4번 국도변에 있는 심천(영동군 고당리 심천유원지)에서 금강을 따라 10번 군도로 양산쪽으로 와도 된다. 평계리는 501번 지방도에서 좀 더 들어간다. 직접 평계리로 가려면 옥천에서 수묵리행 군내버스를 타야한다.

**산행코스**

중심이 마을주차장-마을 뒤 등성이(고스락에서 동쪽으로 뻗은 줄기)-고스락주능선 바윗길-향로봉-주능선-바위비탈-중심이재-사자머리봉-마곡리 고개-엘로힘연수원-주차장(약 3시간 30분 정도소요)

향로봉의 동면 아래에 있는 중심이 마을쪽은 좌우가 모두 깎아지른 주위가 모두 엄청난 높이의 낭떠러지를 이루고 있어 장관이다. 마리산의 이름인 '마리'는 우두머리를 의미하는 궁중용어인데, 이는 이 산 곳곳에 남은 고려 공민왕의 전설과 관련이 있다. 공민왕 때 홍건적의 난을 피해 들어 왔을 때 쌓은 산성벽이나 노국공주와 함께 불공을 드렸다는 '영국사'나 마리산 근처의 어류산에 남아있는 전설이 바로 이러한 예들이다.

흥미롭게도 우리나라 산지의 곳곳에는 고려 공민왕과 관련된 이야기들이 많다. 그 수에 있어서도 태조 이성계나 조선의 왕들에 필적할 만하다는 것을 눈여겨 볼만하다. 마리산 어귀에 잠들어 있는 '공민왕'을 만나 그런 삶의 생기를 북돋워 보는 것도 의미 있는 일일 것이다.

# 민주지산 1,242m · 삼도봉 1,172m · 석기봉 1,200m · 각호산 1,204m

충북 영동군 용화면, 상촌면, 전북 무주군 설천면, 경북 김천시

산맥을 뜻하는 민岷, 두루주周자를 쓴 민주지산岷周之山을 풀이하면 첩첩산에 둘러싸인 산중의 산이라고, 이리 봐도 산, 저리 봐도 산이라는 의미를 담고 있는 산.

실제로 북쪽을 바라보면 각호산1202m, 남쪽의 석기봉1242m, 삼도봉 1176m을 비롯해 천마령, 천마산, 삼봉산, 백화산, 황악산, 팔공산, 비슬산, 황매산, 삼봉산, 덕유산 향적봉, 남덕유산,대둔산 등이 자리 잡고 있으니 온

갖 산을 품고 있는 산 중의 산이라 할 수 있다. 민주지산은 전북 무주군, 충북 영동군, 경북 김천시의 3도 5면에 접해있는 장엄한 거산이다.

이 산을 가려면 황룡사 입구에서 산행을 시작 하거나 무주군 설천면에 있는 대불리 삼거리에서 산행을 시작할 수 있다. 대부분의 사람들은 교통이 편리한 물한리쪽을 택하고 있다. 물한리 코스는 먼저 황룡사를 지나 주계곡을 향해 걸어간다.

계곡을 따라 가다가 우측으로 난 속새골을 오르면 맑은 개울 물을 만난다. 여기부터가 오르막길이다. 돌밭이라 다소 힘든 길이다. 2시간 30여 분을 오르다 보니 어느덧 정상이다.

나무 하나 풀 한 포기 없이 정상 표적만이 시야에 들어온다. 서쪽으로는 덕유산이 우뚝 솟아 있다. 그 너머로 1시간이면 닿을 거리에 있는 각호산1204m도 바라보인다.

하산은 나무가 우거진 숲속 능선을 따라 석기봉으로 가는 길을 택한다. 고개를 넘어서면 넓은 초원이 펼쳐지는데, 약 30분 정도 더 가면 삼도봉이다.

이곳에는 충북, 전북, 경북 3도의 화합을 기원하는 탑이 있다. 여기서 대불리쪽으로 하산할 수도 있으나 동남쪽으로 한 바퀴 돌아 출발지인 황룡사로 되돌아오는 길이 더 좋다.

### 교통편

**대중교통** | 서울역에서 황간행 열차를 이용하거나 강남터미널에서 황간행 고속버스를 이용한다. 황간에서 물한리행 버스(1일 4회 운행)를 타고 종점에서 내린다.

**승용차** | 경부고속도로 황간 IC-임산 방향 49번 지방도-5.8km -노천리에서 오른쪽길 선택-6.5km-매곡면-상촌면 - 물한리 주차장

### 산행코스

한천마을-황룡사-속새골-정상-석기봉 약수터-삼도봉-안부-미나미골-황룡사(약 5시간 30분 소요)

# 서대산 904m

충남 금산군 추부면

서대산의 산세는 솟아오르는 불길처럼 우뚝 솟아 대전 근교, 충북 남서부 어느 지역산에서도 눈에 들어오는 늠름하고 독특한 산세를 갖추고 있어 충남의 아버지 산으로 불린다.

산자락 곳곳에는 깎아지른 절벽과 기암괴석들을 들어올린 험준한 암릉들이 부챗살처럼 펴져내려 있다. 이렇게 험준한 산세로 인하여 삼국시대에는 백제와 신라가 맞서는 경계선 역할을 했고, 동학란 때에는 동학군들이 숨어들었으며, 6.25를 전후해서는 옥천, 금산, 무주 일원에서 활동하던 공비 1

개 대대가 주둔, 서대산을 아지트로 삼아 경찰서와 군청등을 습격하는 활동지역으로 삼기도 했다.

이 산의 이름은 신라 문성왕 때 무양국사가 창건하였다는 사찰 서대사에서 유래한다.

전체적으로 산세가 온후하면서도 웅장하고 경치가 좋으며 용바위 · 신선바위 · 장군바위 · 마당바위 · 노적봉 · 서대폭포 등의 관광자원이 산재해 있고, 화강암으로 이루어진 산꼭대기에서는 대전 시가와 옥천 · 금산 일대가 시원하게 내려다보여 주요 관광지로 꼽힌다.

또한 산세가 원뿔형이며 암산으로 이루어져 있어 암벽등반을 즐기는 산악인들이 많이 찾는다.

**교통편**

**대중교통** | 서울(501번)버스-대전역-면허시험장-중부대-마전-서대산

**승용차** | 서울에서 중부고속국도를 이용하여 추부 IC로 진입한다. 다시 37번국도를 이용하여 신평리를 지나 성당리 3거리에서 우회전-서대산 주차장

**산행코스**

휴양 단지 주차장-마당바위-신선바위-구름다리-장군바위-정상-돌탑지대-개덕사-휴양단지 주차장 코스(4시간 30분)

# 소백산 1,440m

충북 단양군 가곡면, 대강면, 경북 영주시 순흥면, 풍기읍

소백산은 반도의 척추인 백두대간의 중심으로, 국내의 12대 명산의 하나로 꼽힌다. 태백산보다 100m즘 낮으나 고봉들이 줄지어 있어 산세는 그보다 장엄하고, 계곡이 길고 그윽하여 수려한 맛도 한층 더하다. 중턱 이상의 지점부터는 바위가 거의 없는 흙산이라 나무가 많으며 돌이나 바위는 평지나 골짜기에 모여 밖에서는 보이지 않는다. 대체로 부드러운 여성의 모습이라 할 수 있다.

소백산은 사계절 모두 아름다운 모습을 보이지만 특히 봄에는 연화봉에서 비로봉사이의 3.5km에 이르는 철쭉 코스가 일품이며 가을에는 비로봉의 억새밭이 장관이다. 산행코스는 정상 비로봉을 중심으로 잡는다. 단양의 죽령, 천동, 어의곡, 성골과 영풍의 희방골, 삼가동, 죽계 등 어느 골짜기에서나 오르내릴 수 있는데 대개는 희방사 입구에서 시작한다. 중앙선이 희방사역에서 정차하기 때문에 일단 교통이 편리하고 제1연화봉을 시작으로 비로봉은 물론 국망봉이나 신선봉까지 오르내릴 수 있어 코스를 잡기좋다.

단양에서 가장 인기 있는 코스는 고수동굴이 가까이에 있는 천동리 코스다. 반면에 어의곡리나 구인사쪽은 사람들의 발길이 적은 탓에 오염이 적은 편이다. 어느 곳에서 시작하든 주능선까지 대략 두세 시간 가량 걸리는데 새소리, 물소리, 바람소리가 귓전을 맴돈다. 희방사 역에서 50분쯤 걸으면 매표소가 보인다. 물줄기가 사람 키의 열 배는 될 듯 한 직포가 3면의 기암절벽에 둘러싸여 있다. 여기를 지나면 곧 희방사에 이른다.

오른쪽 물줄기를 따라 대웅전 옆으로 가면 정상으로 가는 가파른 오르막

**교통편**

**대중교통 |** 동서울터미널에서 영주나 안동행 직행버스를 타고 풍기나 희방사 입구에서 하차한다. 또는 서울에서 열차나 고속버스를 타고 제천이나 단양, 풍기까지 가면 구인사행 직행버스가 운행된다.

길이다. 그 길로 몇 차례 오르내리다 보면 국립천문대에 닿는다. 비로봉에서 계속해서 능선을 따라오르면 국망봉, 신선봉을 거쳐 구인사까지 종주할 수 있다. 5시간 이상이 소요되는 고된 일정이지만, 웅장하고 아늑한 소백산의 등반 기억은 쉽게 잊혀지지 않을 것이다. 정상에 올랐으니 여기서 단양이나 풍기쪽으로 하산길을 잡을 수도 있다.

산의 아래에는 국내 관광목장의 1호인 소백산 관광목장이 형성되어 있다. 한우, 흑염소, 토종닭 등 5백 여마리의 가축을 길러 직접 판매를 한다. 이 밖에 방갈로나 수영장, 운동장 등 부대시설을 갖추어 놓기도 하였다. 한가로이 풀을 뜯거나 사료를 먹고 있는 모습을 보며 한적한 산골마을의 정취를 느껴 본다면 산행의 뒷마무리로 더욱 좋을 것이다.

동서울 터미널, 대구, 부산에서 구인사행 직행버스를 타도 된다. 단양에서는 천동리 샘터나 새밭 어의곡리행 버스를 이용하면 되고 풍기에서는 삼가동행 버스를 타고 비로사에서 내리면 된다.
서울에서 열차를 타고 희방사 역에서 하차해도 된다.
**승용차** | 서울-경부(중부)고속도로-신갈(호법) IC-영동고속도로-남원주 IC-중앙고속도로-풍기 IC-풍기

**산행코스**

**1코스** | 희방사 매표소-희방폭포-희방사-국립천문대-제1연화봉-주목군락-비로봉-국망봉-신선봉-구인사(약 8시간 소요)

**2코스** | 을전-여의계곡-갈림길-비로봉-갈림길-국망봉-상원골-벌바위-주차장(5시간)

# 속리산 1,058m

충북 보은군 내속리면, 경북 상주시 화북면

충북 보은군과 경북 상주시에 접해 있는 속리산은 해발 1,058m의 천황봉을 주봉으로 비로봉1,032m 입석대, 신선대, 문수봉1,031m, 문장대 1,029m, 관음봉985m, 묘봉874m, 상학봉834m 등 화강암 기봉들과 울창한 수림이 잘 어우러져 마치 활짝 핀 연꽃 봉우리를 연상케 한다.

속리산은 1970년 3월 24일 국립공원으로 지정되었다. 산의 이름은 원래 아흔 개의 연봉으로 이루어졌다 하여 구봉산 또는 소금강이라 부르다가 신라시대에 이르러서 지금의 속리산으로 불려졌다고 한다.

산행 시작은 법주사 코스와 상주쪽의 시어동 코스가 있는데 대부분 코스가 짧고 오르기가 쉬운 시어동 코스를 많이 택해 오른다. 시어동 코스는 매표소 앞에서 출발하여 왼쪽으로 국립공원 사무소가 있고 여기서 좌측 10분 거리에 있는 성불사가 바라보인다. 다시 넓은 길을 따라 약 30분 올라가면 약수터가 나온다.

푸른 숲속의 돌계단을 밟으며 혼신을 다해 1시간을 오르다보면 어느새 문장대가 눈앞에 나타나 있다. 하늘 높이 치솟은 바위가 흰 구름과 맞닿는다하여문장대를 일명 운장대雲藏帶라고도 한다. 20분 정도 더 가면 신선이 놀았다는 신선대가 나온다. 신선대에서 아래로 돌아가면 약수터가 나온다.

여기서부터도 하산이 가능하나 이곳에서 하산하지 말고, 동남쪽 능선을 따라 40분만 더 가면 정상이다. 하산은 비로봉 쪽으로 되돌아와 상고암 쪽으

로 가면 된다. 속리산은 기암연봉과 더불어 법주사를 빼 놓을 수 없다.

오리숲을 지나 일주문을 들어서면 고색창연하게 서 있는 법주사 사적 명승지 4호에 도착한다. 총 산행 시간은 6시간, 속리산은 정상을 오르는 즐거움 이외에 명사찰과 명소가 많아 한 번의 산행으로는 아쉬움이 많이 남는 곳이기도 하다.

**교통편**

**대중교통 |** 서울 강남고속터미널에서 청주까지 고속버스를 이용, 청주에서 송정리 화북행 시외버스를 갈아타고 장암에서 하차한다. 서울 남부터미널에서 속리산행 시외버스를 타고 법주사 입구 종점에서 하차한다.

**승용차 |** 경부고속도로 청주 IC나 중부고속도로 서청주 IC로 진출 - 청주 - 보은 방향 25번 국도 - 보은-25번 국도로 4km - 대야리 - 37번국도 - 7.3km - 법주국교 - 4.2km-속리산 국립공원

**산행코스**

시어동 - 오송폭포 - 문장대 - 신선대 - 비로봉 - 정상 - 상고암 휴게소-법주사(약 6시간 소요)

# 아가봉 541m

충북 괴산군 청천면, 칠성면

아가봉은 옥녀봉으로 가는 길목쯤으로 여겨졌던 이름없는 산봉우리였다. 그런데 봉우리 바위들의 생김이 아기자기하여 홍미로운 풍광을 보여주기 때문에, 이름모를 어떤이가 '아가봉' 이라 이름을 지어 놓았다.

이제는 엄연히 '아가봉' 이라 적힌 이름과 표지석을 가진 산이 되었는데, 괴산 군청의 소개지에서는 아마도 아가산악회가 산악회의 이름을 붙여서 만든 것이 아닌가 추측하고 있기도 하다.

특히나 신선대 바로 앞에 있는 '입벌린 바위' 는 고래가 먹이를 먹기위해 입을 열 듯 하늘을 향해 입을 크게 벌리고 있다. 두께가 팔벌린 길이로 재었을때 열두폭 남짓 될 정도로 두툼하다.

하늘이 또다른 바다인줄 알고 하늘로 가려고 끊임없이 발버둥쳤다던 고래의 이야기가 생각나기도 한다. 그 순진했던 고래가 하늘에 못간 것이 한이 되어 하늘을 보고 바위가 되었나 하는 실없는 생각에 웃음 한줄기가 얼굴에 어린다.

참나무와 노송이 어우러진 사이사이로, '앉은 사람' 의 모습을 한 바위, 굴곡을 이룬 바위 등 다양한 바위의 모습을 접할 수 있다. 바위의 단단의 몸질에 손바닥을 대어보면 따뜻한 기운이 느껴지는 사람피부처럼 느껴질 것 같다. 이번 산행에는 유난히 바위가 눈에 들어온다.

### 교통편

**대중교통 |** 서울, 괴산-아가봉: 서울 동서울터미널에서 괴산 행 직행버스 이용. 괴산에서 운교리 행 군내 버스를 이용한다.

**승용차 |** 중부고속도로 증평 IC 진출하여 좌회전(510번 국가지방도로 증평방향직진)한다. 34번 일반국도 괴산 증평 방향 직진하고 괴산 고교 통과후 19번 37번도로를 따라 간다. 괴산읍 통과후 시계탑사거리 우회전하고, 괴산보건소 입간판과 괴산 만남의 휴게소지나 SK주유소 전방5m지점 송동리 다리 우회전 해야 한다. 수전교 다리통과 후 우회전(갈론마을 5km)하여 가다보면 아가산에 다다를 수 있다.

### 산행코스

운교 새뱅이 마을-폭포 갈림길-옥녀탕-신선대-정상매바위-계곡길-새뱅이 마을(1시간 50분)-옥녀봉안부-상촌마을-하촌마을(2시간 40분)

# 악휘봉 940m

충북 괴산군 연풍면

'백두대산의 본줄기에서 한 발자국 벗어난 산', '한 폭의 동양화를 연상시키는 절경의 산' 과 같은 것이 악휘봉을 수식하는 용어들이다. 괴산군 연풍면과 칠성면의 경계에 위치한 이산 또한 아기자기한 바위들과 수풀이 어우러진 풍경과 조망이 멋지기로 소문이 자자하다.

정상에는 자그마한 악휘봉 표지석이 서 있는데, 그곳에서의 조망은 특히 감탄을 그치 못할 정도이다. 멀게는 월악영봉에서부터 신선봉, 조령산 주흘산 굽이굽이 아흔아홉 고개 이화령이넘실거리고 동쪽으로는 구왕봉, 희양산, 이만봉 서쪽으로는 덕가산, 칠보산, 군자산의 위엄서린 능선들이 파도처럼 일렁거린다.

이런 것들 외에 악휘봉 자락에서 접할 수 있는 신선한 볼거리로는 크게 세 가지 정도를 이야기할 수 있겠다. 그 첫째가 '반계정' 이다. 반계정과 더불어 또 하나 관심이 가는 것이 '선바위' 다. 장성봉 갈림길에서 10분쯤 서쪽으로 가면 보이는 선바위는 정상 아래쪽에 위치하여 산행기점이 되고 있다.

선바위에서 정상까지는 불과 2~3분 거리에 있다. 마지막으로 장바우 다리에서 10분쯤 가면 서있는 아주 잘 생긴 소나무 한 그루, '관송' 또한 볼거리 중의 하나이다. 반계정과 선바위가 지나간 세월을 간직하고 있는 생명 없는 흔적들이라면 그 커다랗고 점잖은 나무는 그 약 170여년부터 지금까지 살아 숨쉬는 존재이다.

**교통편**

**대중교통** | 1. 서울-청주 고속버스(1일 35회) 1시간 40분 소요
2. 청주-송면 직행버스(1일 13회) 50분 소요
3. 청천-송면 시내버스(1일 17회) 20분 소요

**승용차** | 경부고속도로 - 청주 IC - 청천-송면 - 선유동 중부고속도로 - 증평 IC-청천-송면 선유동.

**산행코스**

입석마을(30분) - Y갈림길(40분) - 안부사거리(30분) - 장성봉삼거리(15분) - 정상(30분) - 바위봉(5분) - 안부(60분) - 입석마을(3시간 30분 소요)

# 오서산 791m

충남 홍성군 장곡면, 보령시 청소면, 청라면

해안에 접한 산들은 대개 암산으로 이뤄진데다 비록 높지 않더라도 산세는 험준하기 마련이다. 그러나 오서산은 정상까지 바위가 꽤 발달돼 있어 악산岳山의 성격을 띠다가, 하산코스에서는 완만한 곡선으로 능선이 이어지면서 바위지대가 흔하지 않은 육산陸山으로 되어있다는 점이 특징이다.

주능선은 북과 남으로 길게 놓여있고, 상담리나 성연리 어디나 교통이 좋아서 산행기점을 자유롭게 잡을 수 있다.

그러나 정상에서 하산길을 잡을 때에는 방향을 잃지 않도록 주의해야 한다. 오서산 등산의 압권을 이루는 억새풀밭은 정상 부근의 주능선 1km에 펼쳐있어 늦가을에는 정취를 더해준다.

이곳의 억새풀은 다른 곳에 비해 키가 작은 대신 무성하게 자라 이국적인 분위기를 풍긴다. 수천 평 넓이의 억새풀밭 한가운데 펑퍼짐하게 솟아오른 정상을 오르면 서해바다를 감상할 수 있다.

이제 남은 것은 만만한 육산陸山을 걸어서 내려가는 일 뿐이다. 정상에서 남릉을 따라 암릉길로 가서 성연리로 하산한다.

### 교통편

**대중교통** | 남부터미널에서 대천행 버스나 장항선 열차를 타고 광천읍에 내려 버스나 택시로 산행기점인 상담리까지 간다.

**승용차** | 서해안고속도로 광천 IC - 21번 국도-광천읍 2.3km - 담산리 상담마을

### 산행코스

**1코스** | 상담리 - 정암사 - 능선고개 - 주능선 - 정상 - 남릉 - 성연리(약 4시간 소요)

**2코스** | 상담리 - 정암사 - 정상 - 내원사 - 용문암 - 광성리(약 3시간 30분 소요)

# 월악산 1,097m

충북 제천시 한수면, 덕산면

달이 뜨면 주봉인 영봉靈峰에 걸린다 하여 '월악' 이라는 그 이름이 붙여진 산이 있다. 이름만큼이나 산이 높고 산세가 험악하여 우리나라 '5대 악산' 중 하나로 꼽히는 충북 제천에 위치한 월악산이 바로 그것이다.

월악산은 고려시대 몽고침략의 치열한 격전지였으며, 조선 말 동학농민 운동 때에는 전봉준의 스승인 서장욱이 녹두장군의 죽음 이후에 남은 농민군을 이끌고 다음을 도모한 곳이기도 하다.

해방 후에는 빨치산의 잔당들을 소탕하였던 곳이기도 하며, 서쪽의 송계

계곡에는 구한말 명성황후가 피신생활을 위해 별궁을 짓던 중 일본 낭인에게 시해되면서 중단되었다는 이야기도 있다.

월악산의 연봉에 오르면 바위 틈사이로 산양 한 쌍을 볼 수 있는 재미가 기다리고 있다.

이 산양은 천연 기념물 217호로, 원래 설악산에서 서식하던 것인데 발목을 다쳐 자연농원에서 오랫동안 치료를 하다가, 94년 여름 이곳에 방목하여 지금까지 잘 자라고 있는 것이다.

정상에 오르면 주변에 첩첩산과 날카로운 바위 두 개가 보이고, 맞은 편에 수리봉이 뒤로는 충주호와 월악나루터가 보인다.

**교통편**

**대중교통 |** 동서울터미널에서 고속버스를 타고 충주에 하차, 내송계행 시내버스를 타고 가다 송계리에서 내린다. 또는 송계리행 버스를 타고 가다 덕주사입구에서 내리거나 덕산행 버스를 타고 가다 월악리에서 내린다.

**승용차 |** 중부내륙고속도로-충주 IC - 살미삼거리-한수면 -월악산

**산행코스**

**1코스 |** 송계리 - 계곡갈림길 - 정상-960봉 - 마애불 - 덕주사 - 덕주사입구(약 5시간 소요)

**2코스 |** 월악리-월신교-신륵사-삼거리샘터-정상-샘터-송계리(약 4시간 30분 소요)

**3코스 |** 수산리 - 보덕암 - 하봉-중봉-정상-샘터 - 송계리(약4시간 30분 소요)

# 포암산 961.7m

충북 충주시 상모면, 경북 문경시 문경읍

경북 문경 문경읍 관음리와 충북 충주 수안보면 미륵리를 잇는 고개 이름은 하늘재이다. 이 하늘재는 2천 년에 가까운 세월을 간직한 고개다. 우리나라 최초의 고갯길로 알려진 하늘재가 닦인 것은 서기 156년. 삼국사기에 신라 아달라 이사금 3년156년에 계립령 길하늘재의 옛 이름을 열었다는 기록이 있다.

역사의 풍상이 서린 하늘재를 2천 년 동안 묵묵히 지켜온 산이 바로 충북 충주와 경북 문경에 걸쳐 있는 포암산이다. 옛날에는 이 산을 베바우산이라고 하였는데 이는 반듯한 암벽이 키대로 늘어서 있어 거대한 베 조각을 이어 붙여놓은 듯하다 하여 붙여진 이름이다.

산행은 문경읍 관음리 하늘재에서 시작하여 하늘재를 따라 오르다가 왼쪽 능선 길로 접어들면 처음부터 길이 가파르나 한 시간을 오르면 시야가 탁 트이는 암벽지대가 나온다. 여기서 정상까지는 1시간 남짓 걸린다.

하산은 북쪽 능선을 따라 만수봉을 바라보며 30여 분 내려가면 갈림길이 나오는데 여기서 내리막길로 접어들면 수량이 풍부한 만수골 계곡 상류에 다다른다. 포암산에서 하늘재를 바라보면서 인생이 고개와 같다는 생각을 한다.

**교통편**

**대중교통** | 서울에서 충주까지는 고속버스를 이용한다. 충주 / 수안보에서 월악산이나 덕주사로 1일 13회(06:30~18:50) 운행하는 버스 이용, 미륵리 사지나 만수계곡 입구에서 하차, 1시간 소요.

**승용차** | 충주-3번 국도-수안보-안보리-송계리 597번 지방도로-사문리-미륵리 도착.

**산행코스**

**1코스** | 미륵리-동북능선-마당바위-정상-북동릉 안부-삼거리-만수(4시간)

**2코스** | 미륵리 - 동북능선-마당바위-정상-서남능선-하늘재-미륵리(3시간 20분)

# 희양산 998m · 구왕봉 877m · 시루봉 914.5m

충북 괴산군 연풍면, 경북 문경시 가은읍

산 전체가 단단한 화강암으로 이루어진 희양산은 그 모양이 봉황의 머리와 비슷하며, 그 주위를 굽이굽이 우렁차게 흐르는 계곡은 절경이라 불리는 금강산 계곡과 비교해도 손색이 없다는 이야기를 많이 듣는다.

희양산 등반은 은티마을에서 시작된다. 지름티재에서 정상을 거쳐 홍정문으로 가는 코스는 서너 시간이 걸리는데, 험한 바위와 계곡으로 이루어져 그 산행이 고달프지 않을리 없다. 정상일대로 갈수록 암릉으로 이루어진 난코스가 많아 곳곳에 로프가 설치되어 있지만, 자칫 힘이 빠져 버리면 추락사

고의 위험도 있다. 따라서 일반인의 경우 겨울산행에는 무리가 있으며, 반면 전문 산행인들이 즐겨 찾는다.

희양산을 오르다보면 이곳저곳에서 입산금지 팻말을 발견할 수 있는데, 특히나 앞서 언급한 봉암사는 그 경계가 삼엄하다. 봉황의 머리를 닮은 희양산에서 그 이름을 딴 봉암사는 스님들의 선禪 수련을 위해 일년에 단 한 번, 부처님 오신 날에만 그 문을 열기때문이다.

정상에 오르면 아래로 봉암사, 북쪽으로 시루봉, 동쪽은 이만봉, 서쪽으로는 구왕봉이 손에 잡힐 듯 가까이 보이니 함께 오르는 것도 좋다.

## 교통편

**대중교통 I** 서울 동부터미널에서 수안보 문경행 직행버스 이용, 연풍에서 하차한다. 수안보나, 점촌, 가은에서 은티까지는 택시를 이용한다.

**승용차 I** 중부내륙고속도로 일죽 IC-충주-수안보-연풍 IC-은티마을

## 산행코스

은티마을 - 지름티재-갈림길 - 정상 - 성터 - 해골바위(약 3시간 30분 소요)

# 전라 · 광주

산 위에서 바라보는 세상은 산 아래에서 바라보는 세상과는 다르다. 일상에서 '나무만한 나무'와 '집채만한 집'처럼 정직한 크기로 눈에 들어오던 세상이 산등성이에 올라서면 일순간 작은 장난감 모형으로 변해버린다.

# 강천산$^{583.7m}$ · 광덕산$^{584m}$

전북 순창, 임실군, 전남 담양군

'순창' 을 생각하면 가장 먼저 떠오르는 것이 순창고추장이다. 이러한 고추장이라는 먹거리를 든든하게 가진 순창군에 위치한 산이 바로 강천산과 산성산이다.

용이 꼬리를 치며 승천하는 모습과 닮았다 하여 용천산龍天山이라 불렸다던 강천산에는, 강천사 입구인 도선교에서 길게 이어진 계곡으로 절경을 연출한다.

최근에 병풍폭포, 구장군폭포 등의 인공폭포가 조성돼 계곡 전체가 시원하다. 병풍폭포와 구장군폭포 사이의 약 2.5km 구간에는 맨발체험로가 조성돼 있다.

울퉁불퉁한 등산로를 정비한 뒤에 적당히 굵은 마사토와 모래를 깔아놓아 맨발로 걷기에 제격이다. 길이 완만해 남녀노소 누구나 편안하게 걸을 수 있다. 순창군과 담양군의 경계를 이루며 강천산과 형제처럼 솟아있는 산성산은 철마봉의 절벽에서 시작된 연대봉, 운대봉, 시리봉 등 사방 계곡의 능선을 이용하여 축조한 금성산성으로, 강천산 줄기가 서남으로 뻗어 담양군과 순창군의 경계를 이루고 각 봉우리마다 웅장한 암봉으로 이루어져 있다.

강천상의 동남쪽에, 산성산의 동북쪽에 위치해 있는 광덕산도 함께 올라도 좋다.

**교통편**

**대중교통** | 서울에서 순창이나 광주까지는 고속버스를 이용한다. 순창-강천사행 버스(20분 간격 15분소요), 광주 - 순창(10분 간격, 40분소요), 광주-강천사행이나 담양호행 버스 이용.

**승용차** | 서울 - 순창-순창읍내 4거리 - 양방면 24번 국도 - 백산리 강천저수지 좌회전 - 강천산

**산행코스**

병풍바위 - 깃대봉 - 갈우방죽 - 왕자봉(정상) - 형제봉-강천 제2호수 (4시간 소요)

# 금오산323m

전남 여수시 돌산읍

산에서 보는 일출의 광경은 어디에서도 비할 수 없다. 그중에서도 금오산의 일출은 아름답기로 유명하다. 금오산은 그렇게 높지 않은 산으로 오르기에도 큰 어려움이 없어보였다. 소율마을을 지나 국립공원주차장 부근에서 능선을 타고 쭉 오르기만 하면 된다.

금오산의 유명한 향일함은 '해를 향한 암자' 라는 뜻에서 향일암이라 이름 지었다. 만물을 고루 비추는 해를 향하고 있어서일까. 향일암은 한국의 4대 관음 기도처 중 하나이며 무성한 동백나무와 금오산 주변의 기암괴석과 아름다운 조화를 이룬다.

여기서 보는 해가 예뻐 매년 새해 첫날 해맞이 행사로 '향일암 일출제' 라는 행사가 열린다고 한다. 향일암은 644년백제 의자왕4년 원효대사가 창건하여 원통암 으로 불리다가 1715년에 향일암으로 개칭하였다. 금오산이라는 산 이름은 거북 때문에 생겨난 것이다.

금오산에 있는 바위 표면은 거북이 등처럼 문양이 새겨져 있다. 때문에 산이름이 쇠금 金자, 큰 바다거북 오鼇자를 쓴 '금오산' 이다. 암자도 과거에는 거북구龜자를 써 영구암 靈龜庵이라고 불렀다.

### 교통편

**대중교통 |** 서울에서 여수시까지는 고속버스를 이용한다. 여수시-임포마을: 여수시외버스터미널에서 101, 111-1, 113번 시내 버스를 이용, 종점에서 하차.

**승용차 |** 17번 국도를 따라 여수로 가서 돌산대교를 거쳐 돌산으로 진입한다. 돌산 중앙초등교를 지나 죽포출장소에 이르면 길이 두 갈래로 나누어진다. 두 길 모두 금오산으로 연결되는데 방죽포 해수욕장을 보려면 두문포 방향으로 난 길을 택해야 한다. 방죽포해수욕장을 거쳐 율림리와 임포까지 간다. 향일암 주차장에 차를 두고 20분 정도 걸어가면금오산 기점이다.

### 산행코스

**1코스 |** 주차장-서남능선-정상-향일암-임포마을(약 2시간 30분)

**2코스 |** 임포마을-서남릉-250m봉-동북릉-향일암-임포마을(약 1시간 20분)

# 남덕유산1,507.4m · 삿갓봉 1,410m

전북 장수군, 경남 거창군 · 함양군

남덕유산과 삿갓봉은 덕유산 그늘에 가리운 산이라 할 수 있다. 덕유산 하면 사람들은 일반적으로 향적봉을 생각해서 목표로 하지만 남덕유산 또한 그에 걸맞게 멋진 산이라는 것은 직접 올라가 보면 느끼게 된다.

육십령에서 출발하여 능선을 따라 1시간 오르면 1000m 봉의 할미봉을 만나게 된다. 이름이 할머니라 할머니처럼 푸근할 거라고 오산해서는 절대 안 된다.

이름과는 영 반대로 할미봉은 거의 직벽에 가까운 암릉으로 이루어져 있다. 호락호락하지 않은 할미봉을 무사히 내려서서 한 시간 정도 더 가면 중간에 갈림길이 나오는데 여기서 하산할 수도있고 계속 정상까지 정진할 수도 있다.

정상을 향해서 1시간 정도 또 가면 넓은 암반의 장수덕유산에 이르게 된다. 여기서마지막 위험고비인 밧줄 구간을 지나서 40분만 더 가면 드디어 그토록 원하던 정상에 오를 수가 있다.

정상에서 하산은 동남쪽 방향의 능선을 따라 2시간쯤 내려가면 된다. 삿갓봉은 남덕유산의 북동쪽에 위치해 있으니, 함께 오르는 것도 좋다.

**교통편**

**대중교통** | 서울에서 거창까지는 버스를 이용한다. 거창시외버스터미널(055-942-3601)에서 1일 5회 운행하는 황점행 (서흥여객:055-944-3720) 버스 이용(1시간 소요), 종점 하차.

**승용차** | 서울에서는 대전에서 무주까지 37번 국도 이용, 무주에서 19번 국도 이용 장계리 사거리까지 진행한 다음 이곳에서 좌회전하여 26번 국도를 탄다. 26번 국도를 30분 정도 달려 함양군 서상면에서 좌측으로 나 있는 1001번 지방도를 이용, 영각사까지 진입한다.

**산행코스**

**1코스** | 육십령-할미봉-서봉-정상-동남릉-영각사(5시간30분)

**2코스** | 황점바람골-월성치-남덕유산 정상-영각사(4시간30분)

# 내변산508m · 관음봉433m · 쌍선봉459m

전북 부안군 변산면, 진서면

전라북도 부안의 변산반도는 생김부터가 유별나다. 사방을 둘러봐도 변변한 봉우리 하나없는 호남평야의 한 켠에서 첩첩산중을 이루고 있기 때문이다. 변산은 해발 508m의 의상봉을 중심으로 400m 이상의 봉우리들이 이어지며 산맥을 형성하고 있다.

바다를 끼고 도는 외변산과 남서부 산악지대의 내변산을 나누어 구분할 정도로 안과 바깥이 완연히 다른 변산은 산줄기가 정상인 의상봉에서 시작하여 상여봉, 관음봉, 쌍선봉을 돌아 시계방향으로 뻗어 있는 반면에 그 안쪽은 폭포와 담소가 곳곳에 놓인 심산유곡을 이루고 있다.

정상인 의상봉은 입산 금지구역이므로 변산을 잘 아는 사람들은 낙조대와 신선대를 잇는 종주코스보다는 곳곳의 명소를 끼고 돌 수 있는 횡단코스를 즐겨 찾는다. 내소사를 지나 원암마을 북서쪽 길을 따라 계곡도 지나고 숲길도 헤쳐 가다보면 직소폭포가 나온다. 월명암으로 향하는 등산로는 제법 가파른 편인데, 뒤쪽 능선에는 낙조대가 있다.

이어 쌍선봉에 섰다가 남여치를 넘어 지서리로 하산하면 된다. 오로지 산행만을 원한다면 내소사를 시작으로 관음봉, 원암재, 신선대, 망포대, 낙조대, 쌍선봉을 경유하여 지서리로 하산하면 되는데 봉우리가계속 이어져 있어 약간은 힘겨운 느낌이 드는 산행이다.

### 교통편

**대중교통 |** 호남선열차나 고속버스를 이용하여 김제에 도착, 부안행 직행버스를 타고 다시 채석강, 내소사, 격포행 버스로 갈아탄다. 신태인이나 정읍, 전주 등지에서도 부안행 시외버스가 운행하며 서울 남부시외버스터미널에서도 부안행버스가 30분 간격으로 운행한다.

**승용차 |** 서해안고속도로-부안IC-30번 국도(부안 방향)-부안읍-변산해수욕장-지서리(좌회전)-736번 지방도-남여치

### 산행코스

**1코스 |** 원암리-원암재-직소폭포-월명암-낙조대-쌍선봉-남여치-지서리(약 4시간 30분 소요)

**2코스 |** 내소사-관음봉-원암재-신선대-망포대-분초대-낙조대(약 5시간 소요)

# 내장산763m · 백암산741m

전북 정읍시, 순창군 복흥면, 전남 장성군

이제는 '내장산 단풍' 이라는 말이 하나의 고유명사가 된 것 같다. 특히 내장사 경내로 들어가는 5백여m 진입로에 늘어선 겹단 풍나무 터널이 유명하다. 백암산은 내장산과 연결되어 있는데다 산세도 비슷하여 사람들의 관심을 끌지 못하고 있지만, 실상은 백암산의 단풍도 결코 내장산에 뒤지지 않을 뿐더러 백학봉과 상왕봉을 잇는 암릉코스가 역시 뛰어나다.

백암산만 오르고 싶다면 백양에서 산행을 시작해 백학봉과 상왕봉을 거쳐 운문암을 우회해 계곡을 통해 백양사로 돌아온다.

내장산의 등산코스로는 여러 가지가 있다. 우선 내장산만 오르는 일반적인 코스는 내장사 일주문에서 백련암, 서래봉, 불출봉, 망해봉, 연지봉, 까치봉, 내장산 정상에서 신성봉을 거쳐 내장사로 하산하는 코스다. 그러나 백암산까지 산행을 계속하고 싶다면 위의 코스로 신선봉을 오른 후 서북 능선을 따라 까치봉쪽으로 되돌아간다.

그래서 까치봉 가기 직전에 있는 능선 분기점에서 왼쪽으로 꺾어 소죽엄재를 돌아 상왕봉을 타고 백학봉을 경유하여 백양사로 하산한다. 그러나 이 코스는 시간이 너무 많이 걸리므로 백암산까지 연속 등산할 경우, 내장사에서 신선봉에 오른 다음 대가, 도화를 거쳐백학봉을 지나 백양사로 하산한다.

**교통편**

**대중교통** | 서울 강남터미널에서 정읍행고속버스를 탄다. 정읍에서 내장산행 버스를 타고 내장산 입구에 서 하차한다.

**승용차** | 호남고속도로 정읍나들목-우회전-우회도로-29번국도-수통목-49번 지방도 -내장저수지-내장산 상가지구

**산행코스**

**1코스** | 내장사-백련암-서래봉-불출봉-망해봉-연지봉-까치봉-정상-내장사(약 5시간30분 소요)

**2코스** | 내장사-연자봉-신선봉-대가-도화-구암사-백학봉-백양사(약 5시간 소요)

**3코스** | 백양사-백학봉-상왕봉-운문암-계곡-백양사(약 3시간 30분 소요)

# 달마산 489m

전남 해남군 송지면

땅끝에서 솟아나 땅의 시작을 만드는 산이 있으니, 해남군 송지면에 위치한 달마산이다. 이러한 달마산에는 삼황三黃의 아름다움이 있다고 한다. 불상, 바위 그리고 석양빛이 그것이다.

산행은 송지면 송촌마을에서 시작된다. 낙엽송숲을 지나면 넓은 너덜지대가 나오는데 이 너덜지대는 그대로 직진하는 것이 힘이 가장 적게 든다. 이곳을 40분쯤 올라가면 능선에 오르면서 암봉 두 개를 지나게 된다.

능선에서는 다도해의 무수히 많은 섬들과 하얀 파도가 부서지면서 이루는 절경이 한눈에 들어온다.

세 번째 암봉을 지나면 잠시 억새풀밭이 나타나고, 달마산 정상인 네 번째 암봉에 오르면 조선시대에 돌로 쌓은 봉화대에 도착한다. 완도 상황봉이 잡힐 듯이 가까이 보이고, 두륜산과 천관산이 바다와 어우러져 일대 장관을 이룬다.

봉화대에서 바다를 바라보며 땅끝이라는 말의 의미에 대해서 생각해본다. 끝이라는 말, 참 허무하고 무섭기도 한 말이지만 그 끝이 있어야지 그것을 딛고 올라서 다시 시작할 수 있지 않을까. 그렇게 생각하니 달마산과 땅끝이 더 없이소중하고 아름다워 보인다.

**교통편**

**대중교통 |** 광주나 해남에서 완도행 버스를 이용하여 월송리에 간다. 여기에서 미황사 입구까지는 서정리행 버스를 이용한다.

**승용차 |** 호남고속도로 광산IC-13번 국도-송정-나주-13번국도-영암-성전-2번 국도-강진-해남방면 18번국도-벌골-55번 지방도-남창-해남방면 13번 국도로 우회전-월송리에서 좌회전-서정리-미황사

**산행코스**

마봉리-능선-도솔봉-주능선-정상-미황사(총 5시간 20분소요)

# 덕유산 1,614m

전북 무주군 설천면, 안성면

덕유산의 으뜸은 뭐니뭐니해도 구천동이다. 대표적 경승지인 구천동 33경을 따라가다 보면 발길이 닿는 곳마다 절경을 이루어 탄성을 자아내게 한다. 1경 나제통문, 32경 백련사, 33경 덕유산정을 뺀 나머지가 모두 담, 소, 폭포의 계곡으로 어우러져 그 매력을 한껏 자랑하고 있다. 계곡의 길이는 자그만치 70여 리에 이르러 국내에 있는 산 중 가장 길고 멋있는 계곡미를 지녔다. 구천동 33경은 설천면 소재지 부근의 나제통문에서 시작된다.

등산코스는 여러 갈래가 있는데, 삼공리 주차장에서 구천동 계곡, 백련사를 거쳐 주봉인 향적봉에 오른 후, 다시 삼공리 주차장으로 내려오는 코스를 많이 이용한다. 속세를 떠난다는 의미의 이속대를 지나면, 백련사 일주문이 나타난다. 백련사는 신라 때 백련선사가 숨어 살던 곳에 백련白蓮이 솟았다 하여 지은 절이라고 한다.

백련사를 지나 덕유산 최고봉인 향적봉으로 향하는 길은 가파르다. 땀흘리며 힘겹게 오르니 드디어 마지막 33경인 향적봉이다. 하산은 능선을 따라 중봉을 거쳐 간다. 동엽령을 지나 삿갓봉을 거쳐 올라가니 드디어 남덕유산1,503m 정상이다. 지금까지 거쳐왔던 봉우리들이 능선을 따라 이어지며 파노라마를 이룬다. 전라도에서 올라 경상도로 내려가는 장장 12시간의 산행이다.

### 교통편

**대중교통** | 서울 강남터미널에서 영동까지 고속버스 이용해 영동에서 하차한 후 구천동행 직행버스를 이용한다. 전주, 광주, 대구 등에서 구천동행 버스를 이용해도 된다.

**승용차** | 대전-진주간 고속도로 무주IC-남원, 장수 방향-적상면 회전교차로(구천동, 장수방향)-사산삼거리(구천동 방향 좌회전)-치목터널 직진-구천동 터널-구천동 리조트 방향-37번 도로-거창방향-구천동 삼거리(구천동 방향우회전)-관광단지

### 산행코스

삼공리 주차장-신대 휴게소-백련사-정상(향적봉)-중봉-동엽령-삿갓봉-남덕유산(1,503m)-주차장(약 11시간소요)

# 두륜산 700m · 대둔산 671.5m

전남 해남군 삼산면, 북일면, 북평면

두륜산은 한반도에서 최남단에 위치한 해남의 명산이다. 봄기운이 완연해지면서 겨우내 움츠렸던 상태에서 벗어나 계절의 변화를 만끽할 수 있는 등반을 계획한다면, 꽃소식이 빠른 남녘산에서도 가장 먼저 즐길 수 있는 것이 두륜산의 동백꽃 산행이다. 가련봉 코스는 다소 길이 험하므로 보통 두륜봉 코스를많이 이용한다.

산행시작은 주차장이다. 주차장에서 대둔사 일주문을 들어서면 대둔사가 왼쪽으로 있다. 이 길을 따라 계속 3,4분쯤 올라가면 표충사가 오른쪽으로 있다. 왼쪽 큰 길을 가면 동백나무가 숲을 이룬다. 20분쯤 더 올라가면 삼층석탑이 있는 절터에 이르고, 다소 가파른 고개를 마저 오르면 돌담 너머로 북암을 볼수 있다.

하산은 진불암쪽 계곡길과 동쪽 계곡길을 따라 삼성리로 가는 코스도 있다. 그러나 두륜산의 명소 중 하나인구름다리를 보기 위해서는 남쪽으로 가는 하산길을 택한다. 다소 힘든 암벽 지대를 내려가면 숲길이 나타난다.

이 길을 계속 가다보면 오른쪽으로 암벽길인데 그 사이로 올라가면 길이가 약 5m 되는 돌다리가 하늘에걸려 있다. 이것이 바로 구름다리다. 이 곳에서 앞서 지나왔던 고개로 다시 내려와서 서쪽 계곡을 향해 쭉 내려간다.

**교통편**

**대중교통 |** 광주까지 고속버스나 열차를 이용한 뒤 광주에서 해남까지 가는 직행버스를 탄다. 해남에서 대둔사까지 운행하는 버스가 수시로 있다.

**승용차 |** 호남고속도로 광산IC - 13번 국도-송정 - 나주 - 13번 국도 - 영암 - 성전 - 13번국도 - 영춘리에서 우회전 - 18번 국도 3.9km - 해남 - 오른쪽 806번 지방도-대둔산

**산행코스**

주차장 - 대둔사-북암 - 정상 - 구름다리 - 만일암터 - 진불암-표충사 - 주차장(약 4시간소요)

# 모악산 794m

전북 김제시 금산면, 완주군 구이면

금남호남정맥의 서쪽 호남평야의 중심에 솟은 모악산은 북으로는 만경강과 남으로 동진강이 흘러 호남일대에 물줄기를 대어주며 호남의 어머니 역할을 하는 산이다.

산세가 수려하고 영봉의 정기가 뚜렷하여 한때는 신흥종교가 성행하였으나 1972년 도립공원으로 지정, 개발하면서 모두 정리하고 단지 몇 개의 사찰이 남아있을 뿐이다.

산의 이름은 엄뫼라는 고어에서 유래한 것이며 모학산이라고 불리기도 한다. 국보급 문화재를 간직하고 있는 금산사의 유명세 덕택에 더욱 명성을 얻게 되었으며 교통이 편리할 뿐 아니라 경관도 계절마다 달리 보여 이고장 명소로 각광받는 곳이다.

산행의 시작은 금산사에서부터 하거나 원기리, 혹은 중인동에서 하는 방법이 있으나 어느 쪽에서 하더라도 금산사는 반드시 거치게 되어 있다.

정상 가까이에는 무자봉, 장군봉, 중봉 세 개의 봉우리가 있다. 무자봉은 기우제터였다는 설명이 씌어 있다. 정상은 출입금지로 철조망이 둘러져 있으니 이곳에서 바라보는 것으로 만족해야 한다.

날씨가 좋으면 멀리 운장산과 마이산, 계룡산, 대둔산, 덕유산, 지리산도 볼 수 있다. 하산은 옆으로 돌아 금산사쪽으로 한다.

### 교통편

**대중교통** | 서울에서 고속버스나 열차편으로 전주나 김제에 도착하여 전주에서는 구이행 버스를, 김제에서는 금산사행 버스를 이용한다.

**승용차** | 호남고속국도-전주IC - 전주시 - 27번국도(구이, 순창)-원기리

### 산행코스

구이중학교-하학-상학-대원사-수왕사-정상-심원암-금산사(약 3시간 소요)

# 무등산 1,187m · 안양산 853m

광주 북구, 동구, 전남 화순군 이서면

무등산은 호남 들판 한가운데에 홀로 솟아있는 것처럼 보인다. 주변에 덕유산과 지리산이 있지만 충청도와 경상도의 경계에 있을 뿐이다. 산줄기가 이어지지 않고 산세 또한 둥그스름해서 1,187m의 봉우리는 한층 더 크고 높게만 보인다.

무등산은 광주의 상징이자 자랑거리며 하늘이다. 무등산은 멀리서 보면 커다란 봉분을 엎어 놓은 듯 하다. 그러나 막상 산을 오르면 곳곳에 큰 바위들이 많은데 입석대, 서석대, 투구봉, 선두암, 문바위, 삼존석 등 기암과 깎아지른 듯한 절벽이 많다. 어느 산 못지 않게 아름답고, 부분적으로는 금강산의 어느 봉우리에 견주어도 손색이 없을 만큼 기기묘묘하다.

산행기점은 네 곳, 즉 증심사, 원효사무등산장 입구, 담양군 남면의 꼬막재, 화순군이 서면의 규봉 중에서 선택할 수 있다. 그중에서 교통편이 좋은 증심사나 원효사쪽을 많이 선택한다. 꼬막재에서 규봉암까지는 약 4.8km, 걸어서 2시간 남짓 걸린다. 규봉은 여래존석, 관음존석, 미륵존석이라 불리는 세 개의 돌기둥데 무등산에서 꼭 보아야 될 명소다.

작은 바위 굴도 하나 있는데 이곳을 세 번 이상 통과하면 극락에 가거나 순산을 한다는 말이 전해지고 있다. 무등산을 내려와도 산행이 아쉽다면 자연휴양림을 품고 있는 안양산에도 함께 올라보자.

**교통편**

**대중교통** | 철도나 고속버스를 이용하여 광주까지 가서 버스로 갈아탄다. 신수동 로타리에서 18번 시내버스나 717번 좌석버스를 타면 무등산 산장입구나 원효사 앞에서 내린다. 증심사로 가려면 학동 로타리에서 15번, 23번 27번, 52번 시내버스와 555번 좌석버스를 탄다.

**승용차** | 호남고속도로 동광주 IC-고속도로 벗어나 우회전 -사거리에서 좌회전-산수동5거리에서 좌회전-신양파크와 지산유원지 입구- 잣고개-청암교-배재-충장사-종합주차장

**산행코스**

무등산장 입구(원효사)-꼬막재-규봉-장불재-입석대-서석대-장불재-중머리재-증심사(약 6시간 소요)

# 바래봉 1,165m · 세걸산 1,210m · 덕두산 1,150m

전북 남원시 운봉면, 산내면

우리나라에서 철쭉이 가장 예쁘게 핀다는 곳, 바래봉엔 철쭉이 피는 계절, 봄에는 사람들이 끊이지 않는다. 철쭉은 주변에서 자주 볼 수 있어 친근하고, 진달래와 닮아 구별하기가 어렵다. 철쭉과 진달래의 닮음을 설명하기 위함인지 이 두 꽃에 관한 설화가 전한다.

고려시대에 지리산 기슭에서 부모를 일찍 여의고 외롭게 살아가는 어린 두 형제가 있었다. 산너머에는 재산이 많은 큰아버지가 살고 있었지만 그들을 도와주려고 하지 않았다. 흉년이 들었던 어느 해 동네 사람들도 이들에게 먹을 것을 주지 못하게 되자 두 형제는 하는 수 없이 큰아버지를 찾아갔는데 큰아버지는 재산이 많았지만 두 형제를 본 척도 하지 않았다고 한다.

형은 배고파 우는 동생을 업고 산으로 넘다가 기운이 떨어져 산속에서 쓰러지고 말았다. 그리고는 다시 일어나지 못하고 숨을 거두고 말았다. 이 사실을 안 동네사람들은 형제를 뒷산 양지바른 곳에 묻어주었다. 이듬해 봄 그들의 무덤에서는 두 송이의 꽃이 피어났는데, 한 송이는 형 철쭉이었고, 다른 한 송이는 동생 진달래였다고 한다.

팔랑치~바래봉 남쪽 임도 구간이 철쭉 군락지다. 능선 군데군데 펼쳐진 철쭉 화원은 봄 햇살아래에서 화사한 미태를 뽐내기에 바쁘다. 하산은 종축장 사이의 길을 따라 내려가면 된다.

**교통편**

**대중교통** | 고속버스터미널에서 남원행 버스를 탄다. 남원 시외버스터미널에서 40분 간격(07:30~20:00)으로 운행하는 뱀사골행 직행버스 이용, 하부운에서 하차한다.

**승용차** | 전주I · C-남원(국도17번)-고속터미널사거리(좌회전)-장수 함양방면-요천검문소(우회전 함양 방면)-운봉삼거리(좌회전)-북천삼거리(직진)-축산기술연구소-바래봉-읍사무소삼거리(우회전)-운봉중학교-용산마을-주차장(주차)

**산행코스**

하부운-부운치-팔랑치-바래봉-종축장(약 6시간 소요)

# 선운산 336m · 개이빨산 345.1m

전북 고창군 심원면, 아산면

산은 어디나 계절에 따라 다르고, 보는 방향에 따라 다른 멋을 지닌다. 하지만 전북 고창에 자리잡고 있는 이 선운산 만큼은 꽃피는 사월에 찾아야 최고의 절경을 만날 수 있다.

가을 단풍도 빠질 데 없지만 선운사 오른편 비탈길에서 절 뒤편으로 이어진 너른 동백나무 숲은 다른 곳에서는 보기 힘든 희귀한 풍치를 자랑한다. 선운산 동백꽃만큼 인상적인 곳은 없다.

선운사에는 동백꽃 뿐만 아니라 상사화도 무리지어 피어있다. 상사화란 이름은 꽃과 잎이 서로 만나지 못함을 안타까워해서 붙여진 이름이라 한다.

선운산 낙조대를 지나 천마봉을 타고 도솔암쪽으로 내려서면 커다란 굴이 하나 있는데, 높이 3m, 길이 10m, 넓이 20m에 달하는 이 굴을 용문굴이라 부른다.

용문굴을 지나 다시 도솔암쪽으로 계곡을 따라가다보면 거대한 암벽에 새겨진 불상이 보인다. 자애로운 인상보다는 우직한 느낌이 드는 부처의 모습을 하고 있다.

이 부처는 배꼽 조금 위쪽으로 서랍같이 네모 구멍이 나 있는데 갑오년 동학농민전쟁의 도화선이 되었다고 한다.

**교통편**

**대중교통 |** 강남 고속버스터미널에서 고창행 버스를 이용하거나 열차로 전북 정읍까지 가서 고창행 버스로 갈아탄다. 고창에서는 선운사행 버스가 수시로 운행한다.

**승용차 |** 서해안고속도로-선운산 IC-국도 22호선(부안면방향) - 부안면 소재지 통과 - 오산저수지 - 반암삼거리 우회전 - 2.8km 직진 후 좌회전

**산행코스**

선운사-석상암-수리봉-개이빨산-낙조대-도솔암-단풍나무터널-선운사(약 3시간 소요)

# 써래봉660m · 선녀봉665.9m

전북 완주군 경천면

전라북도 완주군에 위치한 써래봉은 암릉으로 이루어진 산이다.

이 산의 산봉우리는 상당히 가파른 경사를 이루고 있는데 회빛의 날카롭고 울퉁불퉁한 바위들이 그 경사면에 자리잡고 있다. 써래봉이라는 이름 또한 뾰족한 바위 봉우리들이 일렬로 늘어선 것이 농기구인 써래를 뒤집어 놓은 듯한 형상을 하고 있다는 데서 유래했다고 하니 이름만으로 그 형세를 짐작할 만하다.

산행기점인 완주군 경천면 원용복 마을에 이르면 그 날카롭게 솟은 봉우리의 모습이 여지없이 드러난다. 써래봉 산행은 이 다리 동쪽으로 파고든 절골을따라 오르면서 시작한다. 절골 시작지점에서 계곡을 따라 10분 정도 진행하면 합수지점이다. 물이 만나는 곳에 넓은 너럭바위가 펼쳐져 있고 주변은 숲이 우거졌다.

산길은 이 너럭바위에서 두 가닥으로 갈린다. 정면에 뻗은 계곡길은 써래봉 동쪽 능선으로 오르는 코스로 계곡을 가득 채운 짙은 숲속을 통과한다.

북쪽으로 뻗은 지능선은 경사가 급해 힘들지만 써래봉 주능선의 암릉지대로 곧바로 연결되는 지름길이다. 시간을 단축하기 위해 보통 이 지능선을 타고 주능선에 오른 뒤 계곡길로 하산하는 코스를 선택하는 경우가 많다.

### 교통편

**대중교통 |** 서울에서 고속버스나 기차를 이용하여 대전이나 전주로 간다. 대전 서부시외버스 공용터미널에서 대둔산 버스터미널행 버스가 1일 3회 운행하며 50분 정도 소요된다. 대둔산 버스 터미널과 고산을 왕복하는 군내버스를 이용하면된다. 대둔산 버스터미널에서 고산행 군내버스를 타고용복주유소 앞(원용복리)에서 내린다. 전주 공용버스터미널에서는 1일5회 운행하는 금산행 버스를 이용, 대둔산에서 내리면 된다.

**승용차 |** 서울, 완주-써래봉, 선녀봉 : 경부고속국도-천안논산간고속국도-호남고속국도-익산포항간고속국도-완주IC - 17번 국도(고산, 경천 방향) - 고산 - 경천 3거리(오른쪽 방향) - 가천리 구재 3거리

### 산행코스

구재 - 신선남봉 - 서봉 - 써래봉 - 선녀봉 - 구재(약 5시간)

# 영취산 510m

전남 여수시

진달래하면 생각나는 유명한 시가 있다. 바로 김소월의 "진달래꽃"이라는 시다. 얼핏 보기에는 단순한 듯한 이 시적 진술 속에는 한마디로 단정되기 어려운, 아주 미묘하고 야릇한 감정의 움직임이 엿보인다.

영취산은 남한 전체를 통틀어서도 손꼽을 만큼 자연경관이 아름다운 산이다. 경남 창녕 화왕산, 경남 마산 무학산과 더불어 전국 3대 진달래군락지 중 한곳으로 꼽힌다. 5~30년생의 진달래만 수 만 그루 모여 군락을 이룬 15만평규모의 넓은 진달래 밭이 산 곳곳에 자리 잡고 있어 무척 아름다운 산이다.

영취산으로 표기되어 있는 해발 510m의 산봉은 진례산이며 439m봉이 영취산이다. 진달래는 매년 4월 초순경에 절정을 이루는데 이 때 쯤에 맞춰 진달래 축제도 개최된다.

영취산 산행코스는 한나절이면 충분하다. 산행 초기에는 가파르기 그지없어 힘겹게 오르다 보니 야산 뒷편 다른 산등성이에 진달래 군락이 있고 산능선에 집과 나무 한그루가 서있어 영화 속같이 느껴진다.

영취산의 명성을 듣고 찾아온 사람들로 등산길은 때 아니게 사람들로 붐빈다. 그러나 진달래 철에 찾지 않으면 이토록 흐드러진 진달래 꽃잎과 향기를 또 언제 볼까 싶어서 시끌벅적함을 또 다른 봄 축제의 향연으로 생각하고 기분 좋게 인파를 따른다.

**교통편**

**대중교통 |** 서울, 여수-영취산: 서울 센트럴고속터미널에서 여수 행 직행버스 또는 용산역에서 전라선 열차를 이용, 여수역 하차. 여수에서 중흥동, 적량동 행 시내 버스 이용

**산행코스**

LG정유 뒤 임도 삼거리-억새평원-450봉-작은 암봉-정상 -도솔암-봉우재-헬기장-439봉-갈림길(오른쪽)-흥국사(약 3시간 20분)

# 오봉산 513m

전북 완주군 구이면

서기 1380년 고려 우왕6년 이성계장군이 황산벌에서 왜군을 정벌할 때 장병들을 매복시켰던 큰 골이 있고 전북 도계에는 신라와 백제의 경계에 쌓았던 해발 553m 의 팔령산성이 있다.

함양의 옛이름인 천령이 이 산의 한 봉우리 이름에서 유래되었으며 이 지역 가장 오래된 촌락갓거리마을도 이곳 바위골에 뿌리를 박고 있다. 군내 문화제전인 천령제의 성화도 이곳 오봉산의 지맥인 천령봉에서 채화한다.

등산로가 다양해 여러가지 산행을 즐길 수 있는 것도 이 산의 장점이다.

상산의 등산로는 크게 종주코스와 원점회귀코스로 나뉜다. 종주코스는 삼산리 뇌산마을 뒤편 농로를 따라 천령봉에 올라 옥녀봉을 거친 뒤 정상을 밟고 팔령마을로 내려선다. 거리는 약 13km로 5시간 가량 소요된다.

서기 500년 신라 지증왕이 즉위 후 중국에서 귀화한 오첨을 당시 천령백으로 임명하고 이 고장을 다스리게 하였더니 이곳에 갓을 벗어 걸어두고 소로 밭을 가는 우경법을 개척하였다고 하는 우리나라 오씨의 발상지 관동일명 갓거리마을로 하산도 가능하고 웅곡리나 죽곡리 구룡리 방향으로도 하산코스가 있다.

원점회귀코스는 내곡마을~옥녀봉~상산정상으로 오르는 길과 상죽림~능선~상산~송전마을로 내려오는 길 등 4갈래가 있다. 각각 3~4시간 걸린다.

**교통편**

**대중교통** | 서울, 전주-오봉산: 서울 센트럴고속터미널에서 전주 행 고속버스 또는 용산역에서 전라선 열차를 이용, 전주역 하차. 전주 시외버스 터미널에서 구이 경유 강진 행 버스를 이용, 백여리 하차

**승용차** | 전주IC-조촌교차로-공설운동장사거리-백여교차로-백여리 정자마을

**산행코스**

**제1코스** | 대모마을 열녀비-묘지-1봉-정상-암릉-계곡-분지-저수지-대모마을(약 2시간 30분 소요)

**제2코스** | 소모마을-제1봉-제2,3,4,5봉-수자골-소모마을(약3시간 30분 소요)

# 월출산 809m · 도갑산 376m

전남 영암군 영암읍, 군서면, 강진군 성전면

'달이 뜬다 달이 뜬다 / 영암 고을에 둥근달이 뜬다 / 달이 뜬다 달이 뜬다 둥근둥근 달이뜬다 / 월출산 천황봉에 보름달이 뜬다 / 아리랑 동동 쓰리랑 동동 / 에헤야 데헤야 어서와 데야 / 달보는 아리랑 임보는 아리랑' 오늘은 자연스럽게 영암 아리랑을 흥얼거리게 되는산, 월출산에 오른다.

월출산은 신라시대에는 월좌산, 고려시대에는 월생산月生山 그리고 조선시대부터 월출산이라고 불려졌다. 이들 이름의 공통점이라면 달이 산명山名에 꼭 들어간다는 것이다. 서해와 인접한 산인지라 달을 제일 먼저 맞는다고 생각해서 그런 이름들을 지었는지도 모른다.

월출산국립공원은 한국에서 제일 규모가 작은 국립공원이다. 그러나 산 전체를 이루고 있는 기암괴석이 수석 전시장을 떠올리게 할 정도로 장관이다. 산행코스는 다양하지만, 천황사와 도갑사를 잇는 능선종주코스가 대표적이다. 산행은 천황사에서 시작한다. 주차장에서 매표소를 지나 계곡길을 따라 가다 갈림길에서 왼쪽으로 올라가면 천황사다. 절 뒤쪽으로 이어지는 길을 따라 오르면 시루봉이 나타나고 월출산의 명물 구름다리를 만난다.

매봉을 지나 연실봉의 남쪽허리를 끼고 돌아 마지막 관문인 통천문을 빠져 나가면 사방이 절벽을 이룬 천황봉이 바로 눈앞이다. 정상인 천황봉은 높고 낮은 봉우리와 기암괴석들이 연이어 둘러있다.

하산은 건너편의 구정봉을 바라보며 내려간다.

### 교통편

**대중교통 |** 서울에서 열차나 고속버스를 이용, 광주까지 간 다음 시외버스를 이용해 영암에 갈 수 있다. 영암에서 천황사까지는 군내버스가 06:20분부터 하루 3차례 있다.

**승용차 |** 호남고속도로 광산IC-13번 국도-송정, 나주-영암읍 라이온스탑 앞 삼거리-왼쪽 13번 국도-오리정 5거리-왼쪽 13번 국도-우회전-천황사

### 산행코스

천황사 입구-천황사-구름다리-천황봉-구정봉-미왕재-도갑사(약 5시간 소요)

# 적자산 격자봉 435m

전남 완도군 보길면(보길도)

전남 완도군 보길도는 고산孤山 윤선도가 벼슬길을 버리고 10년간 은둔생활을 하면서 자연과 벗하며 지냈던 곳으로 유명하다. 요즘은 유명관광지가 되어 휴가철에는 많은 인파로 붐빈다. 자연과 하나되어 살아가는 어부의 소박한 생활을 우리말로 아름답게노래한 우리나라의 대표적 시가문학작품인 어부사시사의 무대가 바로 이곳이다.

보길도에 도착하여 선착장에서 섬 중심부로 20분쯤 들어가면 부용동 정원으로 불리는 고산의 유적지가 나온다. 여기서 다시 약 40분가량 걸어 올라가면 높이 솟은 적자산 아래에 고산이 살았던 집인 낙서재樂書齋의 집터가 나온다.

이곳은 '어부사시사漁父四詩詞' 라는 명문이 탄생된 것으로 유명하다. 얕으막한 적자산이지만 오르면서 '섬산행' 의 참맛을 느낄수 있는 것도 보길도의 자랑이다.

산 전체가 난대성 상록수로만 이루어진데다 하늘이 보이지 않을 정도로 울창하다. 그래서 식물학자들의 발길이 잦은 산이기도 하다.

산행코스는 부용리에서 오르는 단일코스만 있다. 계곡을 끼고 산책하듯 가벼운 마음으로 2시간 정도 오르다보면 적자산 정상에 이르게 된다. 오가는 시간때문에 최소한 2박3일 정도의 일정을 잡아야 하는 것이 섬여행의 불편한 점이다.

**교통편**

**대중교통** | 서울에서 광주까지 기차나 고속버스를 이용한 뒤 광주에서 직행버스를 이용해 완도로 간다. 완도에서 보길도로 들어가는 것은 여객선(061-552-0116)을 이용한다.

**승용차** | 서울, 해남-적자산: 서해안고속국도-목포 IC-2번 국도(삼호, 성전 방향)-삼호- 성전-13번 국도(해남 방향)-해남-77번 국도 (송지 방향)-화산-송지-송호리-갈두리 땅끝마을

**산행코스**

부용리-계곡-정상-406봉-부용리(약 3시간소요)

# 조계산884m

전남 순천시 송광면, 승주읍

우리나라 3대 사찰의 하나인 송광사를 품고 있는 조계산은 전남 순천시 송광면, 주암면과 낙안면에 위치한 산이다. 명사찰의 온화한 기운과 덕성이 온 산을 덮고 있는 듯, 험하고 웅장하기보다는 부드럽고 아늑하여 부담이 없는 산이다.

산행기점은 송광사나 선암사 어느 쪽으로 잡아도 무방하다. 송광사쪽은 번화하고 숙박시설이 많은데 비해 선암사쪽은 옛모습 그대로를 보존하고 있어 대조를 이루고 있다. 주차장에서 상가를 지나면 바로 송광사다. 돌담을 끼고 계곡을 따라 오르노라면 시원한 물소리에 젖어 어느새 더위를 잊고 만다.

장군봉 정상에 오르면 서쪽으로 연산봉이 보이고 산 밑으로는 민속마을로 지정된 낙안읍의 전경이 한 눈에 들어온다. 선암사 앞 승평호의 파아란 물도 그림처럼 다가온다.

하산은 대각암으로 바로 가는 지름길과 향로암터를 경유하는 길이 있다. 동쪽 능선으로 내려가 향로암터를 지나 1시간쯤 가면 소장군봉이다. 여기서 급경사길을 내려가면 대각암에 도착한다.

이후 선암사에 도착하면 숲길을 따라 내려가면 강선루와 승선교를 지나게 된다. 다리 사이에 기둥을 쓰지 않고 바위들만 맞추어 만들었다는 반달형의 다리가 참으로 아름답다.

총 6시간이 소요되는 산행이다.

### 교통편

**대중교통** | 서울 강남 고속터미널에서 고속버스를 이용하거나 청량리역에서 열차편을 이용하여 순천에 오면 선암사행 시내버스나 송광사행 고속버스가 운행한다. 광주에서 송광사행 버스나 선암사행 버스(1일 1회 운행)를 타도 된다.

**승용차** | 고속도로(호남, 남해)-승주IC-857번지방도-죽학삼거리-선암사-주암IC-27번국도-834번 지방도-송광사

### 산행코스

**1코스** | 송광사-계곡-송암굴목이재-선암 굴목이재-배바위-정상(장군봉)-향로암터- 소장군봉-대각암-선암사-강선루, 승선교 (약 6시간 30분 소요)

**2코스** | 송광사-송광 굴목이재-연산봉-범바위-정상-대각암-선암사(약 6시간 30분 소요)

# 지리산 1,915m

경남 함양군, 산청군, 하동군, 전남 구례군, 전북 남원시

백두대간 끝자락에 높이 솟아오른 지리산은 설명이 따로 필요치 않을 정도로 우리에게 잘 알려진 명산이다. 전라남도 구례군과 전라북도 남원시, 경상남도의 하동, 산청, 함양군 3개도에 걸쳐 자리잡고 있다.

1967년 12월 29일 우리나라 최초의 국립공원으로 지정된 지리산은, 남한에서 면적이 제일 넓으며 높이 또한 백두산, 한라산 다음으로 높은 산이다. 1500m 이상 되는 높은 봉우리만 해도 천왕봉을 중심으로 제석봉, 반야봉, 노고단 등 12개나 있기 때문에 커다란 산악군을 이루고 있다.

역사적으로 마한시대의 전투, 고려말 원나라의 침입, 임진왜란, 여순사건, 한국전쟁 빨치산 활동 등 우리 민족의 수난사를 함께 겪어 온 민족의 영산이다. 산의 원래 이름은 두류산이고, 방장산이라고도 불리었다. 지리산이라는 지금의 명칭은 조선의 건국설화에서 비롯되었다.

등산로 어디나 걷다가 돌아보면 산과 산으로 둘러싸인 깊은 산이 넓게 펼쳐져 있다. 그 산자락으로 우리를 가슴가득 품어주는, 거칠지 않은 부드러움이 있어 누구나 쉽게 반하고, 언제 어느 때 찾아가도 좋은 산이라 느껴진다. 사방에 막힘없이 탁 트인 전망으로는 천왕봉에 비길 곳이 없다. 천왕봉에 오르면 멀리 남도의 촌락을 넘어선 남해바다가 보이고, 발아래로 구름이 겹겹이 쌓여있다.

정상에서 오른쪽으로 고개를 돌리면 제석봉, 연하봉, 토끼봉 등이 차례로 보이고, 그 너머에는 지리산에서 제일 높은 봉우리인 반야봉이 있다. 반야봉은 빨치산 사령부가 있었던 곳으로 연곡사에서 반야봉쪽으로 오르는 길이

**교통편**

**대중교통** | 서울에서 구례까지 가면 화엄사, 연곡사, 직전, 쌍계사, 천운사행 시내버스 및 시외버스가 있다. 남원에서 화엄사, 반선, 달궁, 마천, 백무동, 육모정행 시내 및 시외버스도 있다. 진주, 함양 등지 에서도 시외버스를 이용할 수 있다.

**승용차** | 중부고속도로 - 단성 IC-20번국도 - 시천 - 중산리

**산행코스**

**1코스** | 백무동 - 하동바위 - 장터목산장 - 천왕봉 - 법계사 - 중산리 (약 9시간 소요)

**2코스** | 화엄사 - 노고단 - 임걸령 - 삼도봉 - 토끼봉 - 명선봉 - 벽소령 - 덕평봉 - 세석평전 - 연하봉 - 장터목산장 - 제석봉 - 천왕봉-법계사 - 중산리(2박 3일)

**3코스** | 화엄사 - 중재 - 코재 - 노고단(약 4~5시간 소요)

**4코스** | 성삼재-코재 -

바로 빨치산 토벌로 유명한 피아골이다. 휴전이후 대부분 월북하거나 토벌되었지만 마지막까지 격렬하게 저항하여 가장 많은 주검이 묻혀있는 한 서린 곳이다.

지리산을 가는 길은 코스와 일정에 따라 선택하는 것이 좋다. 산이 넓고 높은 만큼 코스와 일정을 다양하게 잡을 수 있는데, 대표적인 등산로는 마천 백무동에서 정상인 천왕봉에 올랐다가 중산리로 내려가는 코스이다. 2박 3일의 넉넉한 일정으로 지리산을 종주하려고 한다면 성삼재에서 시작하여 화엄사, 노고단, 세석평전을 거쳐 천왕봉에 올랐다가 중산리로 하산하는 총 45km의 코스를 권한다.

지리산에서의 숙박은 야영과 산장을 이용해야 하므로 세밀한 계획과 준비가 필요하다. 산장은 노고

단, 뱀사골, 피아골, 연하천, 벽소령, 장터목, 세석, 로타리, 치밭목 9곳이 있는데 그 중 노고단산장이 가장 많은 인원을 수용할 수 있다. 그리고 급수시설이 6곳, 취사장이 11개, 야영장이 13곳이 갖추어져 있다.

정상에서 정남향으로 흘러내리는 계곡 깊숙한 개활지에는 청학동 도인촌이 자리하고 있다. 이들은 유불선 합일갱정유도일명 일심교의 교리에 따라 집단으로 수도생활을 하며 새 세상이 열릴 것을 대비해 옛 생활양식을 고수하며 살아간다.

또한 지리산 온천은 동양 최고 수질의 게르마늄 온천으로 100% 천연 온천수만을 사용한다. 피부미용, 노화방지, 신경통은 물론 암예방 및 치료에도 도움이 된다고 한다.

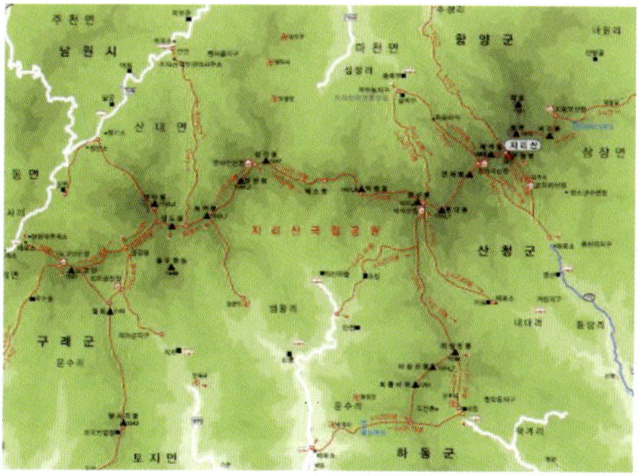

노고단 - 임걸령 - 뱀사골산장(약 3시간 30분 소요)

**5코스** | 적기념관 - 탁용소 - 병소 - 간장소 - 뱀사골산장 - 화개재 (약 4시간 20분 소요)

**6코스** | 연곡사 - 직전마을 - 피아골산장 - 질매재 - 노고단-임걸령 - 노루목 - 반야봉(약 5시간 30분 소요)

**7코스** | 추성리 - 선녀탕 - 칠선폭포 - 천왕봉 (약 6시간 30분소요)

**8코스** | 평촌 - 대원사 - 무재치기폭포 - 치밭목산장 - 써리봉 - 중봉 - 천왕봉(약 7시간 소요)

**9코스** | 백무동 - 한신계곡 - 한신폭포 - 세석평전 - 세석산장 - 대성골 - 의신마을 버스종점(약 8시간소요)

# 천관산 723m

전남 장흥군 관산읍, 대덕읍

천관산은 하늘에 관을 씌운 듯 한 형상을 하고 있다. 정상 일대에는 기암괴석이 즐비하여 멀리서 보아도 우뚝우뚝 솟은 것이 두드러질 정도이며 월출산에 비견될 만큼 기암괴석이 풍부하여 마치 조각공원에 와 있는 듯한 착각을 불러 일으키게 한다.

산행은 관산읍 당동마을에서 시작하거나 대덕읍 연지리에서 출발해도 좋고 내동에서 시작하여 장천재로 올라도 좋으나 당동마을에서 시작하여 천관사쪽으로 하산하는 것이 일반적인 코스다.

대덕읍을 기점으로 삼을 경우 구룡봉부터 양암봉까지의 험준한 코스를 산행의 별미로 맛 볼 수 있으며 수동 1, 2저수지, 포항저수지, 청교저수지 등 저수지가 많아 구경거리가 된다.

남쪽 능선을 따라 오르는 길에는 구두바위, 책바위 등 이름도 친근한 바위들과 억새풀 군락이 등산객을 반긴다. 매년 억새제가 개최될 만큼 이곳의 억새도 제암산의 철쭉못지않게 유명하다. 여기를 지나면 봉대라 부르는 연대봉 정상이다. 하산은 오를 때와 마찬가지로 여러 갈래로 내려가도 좋다.

또한 천관사는 삼국통일의 명장 김유신의 첫사랑 천관녀가 김유신을 위해 기도한 곳이기도 하다.

**교통편**

**대중교통** | 서울에서 광주까지 열차나 고속버스를 이용한다. 광주-장흥간, 장흥- 관산간은 직행버스를 이용한다.

**승용차** | 호남고속도로 - 동광주IC - 제2순환도로 - 화순(외곽도로)- 국도 29호-이양삼거리-장평 봉림 3거리-유치 - 장흥순지IC - 국도 23호-관산-장천재

**산행코스**

당동마을-장안사 - 남쪽능선 - 정상 - 천주봉-천관사 - 와룡마을 (약 3시간 30분 소요)

# 경상 · 부산 · 대구 · 울산

이전에 산행에서 만난 혹자는, 숲과 나무들과 여러 동식물들이 숨쉬고 있는 산을 '생명의 공간'의 공간이라 했다. 산이 좋아 산행을 업으로 삼는 사람의 입에서 나올만한, 산에 대한 애정이 듬뿍 담긴 찬사였다.

# 가야산 1,430m

경남 합천군 가야면, 경북 성주군 가천면

가야산은 예로부터 조선8경의 하나로 꼽히며, 12대 명산의 하나로 여겨져 왔다. 부드러운 산세와 바위능선이 절경을 이루고 있으며, 계절마다 보여주는 아름다움이 감탄을 절로 자아내기 때문이다.

현재의 가야산이란 이름이 붙은 데에는 몇 가지 추측이 있는데, 그 첫째는 옛 가야국이라는 지명에서 왔다는 것이며, 둘째는 산의 정상이 소의 머리처럼 생겨 우두라 하였는데 범어에서 소를 가야라 한다는 것, 그리고 마지막으로는 인도의 성지 중 가야산이 있어그것을 따라 지었다는 것이다.

가야산에 오르는 등반객이라면 누구나 빼놓지 않고 들르는 곳이 바로 해인사이며, 그곳을 더욱 유명하게 만든 것은 팔만대장경일 것이다. 팔만대장경에는 수 많은 이야기들이 담겨져 있고, 그들은 하나같이 빛나는 지혜와 마음을 담고 있다.

대장경을 다 읽지 않아도, 혹은 그 대장경을 알지 못하더라도, 자기 마음을 닦고 또 닦아 수행하고 바로 세우는 것이 부처님의 가르침을 따르는 바른 길이라는 것을.

절에서 들려오는 불경소리와 팔만대장경의 지혜를 되새기며 정상에 오르면, 서쪽으로 덕유산, 동쪽으로 팔공산의 연봉이 아름답게 펼쳐지고 있고, 남으로는 매화산, 지리산이 가물거린다. 특히 매화산에는 해인사의 정남쪽 방향에 우뚝 솟은 남산제일봉이자리잡고 있다.

### 교통편

**대중교통** | 서울에서 고속버스를 타고 서대구터미널에서 내려 대구 서부 시외버스 정류장으로 가면 해인사행 직행버스가 수시로 있다.

**승용차** | 경부고속도로-김천I.C - 59호 국도 이용-성주댐에서 수륜면까지는 33번 국도병합 구간-수륜면에서 59호 국도로 우회전-백운동 - 야천리에서 우회전해 59호 국도 - 해인사

### 산행코스

**1코스** | 신부락 주차장-해인사-능선갈림길-용탑선원-대피소-정상(상왕봉)-마애불입상-해인사-신부락(약 4시간30분 소요)

**2코스** | 성주 백운동 매표소 - 용기폭포 - 용기사지 - 서장대 - 가야산성 - 정상(상왕봉) - 서성재 - 용기사지 - 백운동 매표소(약 4시간 소요)

# 간월산1,083m · 신불산1,209m · 영축산취서산, 영취산1,081m

울산광역시 상북면, 삼남면, 경상남도 양산시 하북면

경부고속도로를 타고 달리다 보면 언양과 통도사 언저리 오른편으로 우뚝 솟은 검은 바위산이 있다. 그러나 실제로는 3개의 봉우리가 능선으로 나란히 이어져 있는 산들이다. 이 산들이 간월산, 신불산, 영축산으로 보통 영남 알프스라 부르는 산의 일부이다.

세 봉우리를 묶어서 종주를 하는 경우 영축산에서 보통 시작한다. 종주하려면 10시간 정도의 시간이 걸리므로 만 하루를 꼬박 잡아야 한다. 단풍철이면 간월산 쪽이 좋지만 평소에는 통도사가 있는 영축산 쪽이 비교적 볼거리가 많은 편이다.

영축산 꼭대기에서 북쪽 능선을 따라 걸으면 신불산이다. 능선을 한참 오르내리면 단성산성의 축석이 남아 있는 신불산 정상에 이른다. 신불산 정상에서 하산할 수 있는 길은 대략 세 가지다.

첫번째는 계속해서 북으로 뻗은 능선을 따라 간월재로 가는 길이다. 두번째 길은 신불산에서 능선을 타고 가다가 두번째 갈림길에서 바로 하산하는 길이다. 세번째로는 가천저수지 길로 하산하는 길이다.

신불에서 영축산 쪽으로 왔던 길을 되돌아서서 1,045m봉까지 가야 하산길이 보인다. 여기까지 걸리는 전체 산행시간은 대략 6시간 30분쯤이다.

### 교통편

**대중교통** | 부산이나 울산까지 가서 언양행 직행버스로 갈아탄다. 언양에서 등억리로 가는 작천정행 시내버스를 타거나 신평리행을 탄다. 동래 버스터미널에서는 신평리행 버스를 타고 통도사인터체인지에서 내리면 통도사까지 30분쯤 걸어야 한다.

**승용차** | 경부 고속도로 통도사 I.C-신평리 - 1092 지방도-통도사 주차장

### 산행코스

**1코스** | 통도사-백운암-영축산 정상-억새꽃밭 능선-신불산 정상-간월재-간월산-간월재-홍류폭포-등억신리(약 8시간 소요)

**2코스** | 가천저수지 - 신불산 - 억새꽃밭 능선 - 영축산 정상 - 백운암 - 극락암-통도사(약 6시간30분 소요)

# 갑장산806m · 상산694m

경북 상주시 낙동면

갑장산은 백두대간이 쥐라기의 화강암산지로 솟구쳐 뻗어내린 줄기의 하나로 연악 · 석악보다는 주봉의 기암괴석이 천태만상이며 지천동智川洞 계곡과 승장폭포를 흘러내리는 옥수는 삼림을 울리고 굽이마다 수석의 비경을 펼친다.

경상북도 상주시 낙동면, 청리면에 위치한 이 산은 아름다움을 간직한 상주의 삼악중 으뜸이라 하여 갑장산으로 불린다. 갑장산 산행 등산로는 용흥사코스, 용포리코스, 승곡리코스등 다양하게 되어있다. 그러나 제일 많이 이용되는 곳은 용흥사코스다.

용흥사 주차장에서 잠시 오르면 깔끔한 고찰인 용흥사가 나오고 등산로에 쇠줄이 설치되어있는 곳을 지나면 솔밭전망대가 보이고 곧 정상에 이른다.

정상에서 하산은 원점 회귀산행이면 서쪽으로 문필봉으로 이어지는 능선을 따라 무덤이 있는 곳을 지나 용흥사 주차장에 이른다.

산행시간은 4시간이다. 갑장산 정상부에는 갑장사가 있고, 산허리에 용흥사 및 휴게시설식당, 주차장 등이 심산유곡 산을 찾는 이들을 맞이한다.

**교통편**

**대중교통** | 서울 고속터미널에서 50~60분간격으로 운행하는 상주행 고속버스를 이용하여 상주에 도착하고 상주종합버스 터널에서 15분마다 운행하는 시내버스 이용한다.

**승용차** | 중부내륙고속도로-상주 IC-25번 국도(상주 방향)-상주시내-3번 국도(김천 방향)-양촌교-삼거리(좌회전)-지천동

**산행코스**

**1코스** | 지천리-용흥사-갑장사-정상-735봉-서북능선-용흥사-지천사(약 3시간)

**2코스** | 지천리-용흥사-동남능선-735봉-동북능선-정상-갑장사-용흥사-지천리(약 4시간 20분)

# 금오산976m

경북 구미시, 김천시 남면, 칠곡군 북삼읍

경북 구미시 칠곡군과 김천시의 경계에 있는 금오산은 본래 '대본산' 이라 불렸으나 고려때 '남숭산' 으로 바뀌었다가 조선조에 와서 '금오산' 이 되었다.

1970년 6월 1일 도립공원으로 지정된 금오산은 산세가 가파르고 기암절벽과 나무숲이 한데 어우러져 빼어난 경치를 자랑하고 있다. 산행의 시작은 금오산 공원관리소다. 건너편에 채미정을 지나면 해운사가 나오고 그 뒤로 명금폭포가 잇따른다.

폭포 우측으로 가면높은 절벽 위에 도선굴이 나오는데 전망이 그만이다. 1시간 가량 더 가면 약사암이 나온다. 약사암은 정상 밑의 암봉 사이 반석 위에 세워진 절인데 주변에는 보물 409호로 지정된 마애보살입상이 있다. 여기까지 오면 이제 정상이 눈앞에 보인다.

정상은 현월봉, 약사봉, 보봉으로 이루어졌다. 하산하는 길은 두 가지다. 금오산 동쪽으로 가서 금오산 저수지 쪽으로 가는 길이 있고, 금오산성을 넘어 지경쪽으로 가는 길도 있다.

총 산행시간은 저수지쪽으로 하산하면 3시간, 지경 마을로 하산하면 3시간 30분이 걸린다.

## 교통편

**대중교통** | 열차나 고속버스를 이용해 구미에서 내려 금오산행 버스를 타고 공원관리소 앞에서 내린다.

**승용차** | 경부고속도로를 이용할 경우 구미 인터체인지를 나와 좌회전하여 33번 국도로 약 4km가면 금오산 4거리이다.

## 산행코스

**1코스** | 공원 관리소-해운사-명금폭포-약사암-정상-금오산 저수지(약 3시간 소요)

**2코스** | 공원 관리소-해운사-명금폭포-약사암-정상-금오산성-지경(약 3시간 30분 소요)

# 내연산 710m

경상북도 포항시, 영덕군

폭포 하나만 해도 그 장관이 말로 하기 힘든 경우가 많은데, 그러한 폭포가 계곡을 따라 끊임없이 출현하는 곳이 내연산이다.

이 산의 물줄기는 어찌된 일인지 바윗고개를 넘을 때마다 몸을 던져장관을 이루어내니, 그 12개의 이름난 폭포들이 자리잡고 있어 이 산은 그 어느 산보다도속이 튼튼한 산이다.

얌전하게 생긴 겉모습과 달리 안에는 천하의 비경을 품고 있으니,안으로 깊이 끌어들인다는 내연內延이라는 이름을 쓸 만하다.

내연산은 신라 때의 고찰 보경사와 14km의 계곡을 따라 이어지는 12폭포로 유명하다. 내연산의 압권은 최고봉인 향로봉과 천령산으로 불리던 우척봉으로 이곳에서 영일만의 푸른 바다와 호랑이 꼬리 장기곶을 조망할 수 있다.

보경사에서 삼거리까지 오르는 계곡 산행은 왕복 8시간이 걸리는데, 등산로만 따라가면 12폭포의 절경을 모두 볼 수 없는 단점이 있다.

하루 일정으로 내연산을 찾을 경우에는 문수산으로 올라 향로봉까지 간 후 청하골로 하산하거나, 우척봉으로 올라 삼거리로 내려와 청하골로 내려오면 다양한 산행을 경험할 수 있다.

### 교통편

**대중교통** | 포항까지 경부고속도로를 이용. 포항시내버스터미널에서 05:35부터 한시간 간격으로 운행하는 보경사행 버스를 타면 된다.

**승용차** | 경부고속도로 영천IC-포항방향 28번 국도-안강에서 68번 지방도 이용-신광-송라면- 보경사 방면 우회전-보경사입구

### 산행코스

보경사-연산폭포-향로봉(정상)-능선-710봉-문수암-보경사(약 6시간 소요)

# 대야산 931m

경북 문경시, 충북 괴산군

대야산의 명물은 하트 모양의 용추폭포이다. 용추龍湫란 용소龍沼와 같은 말로 "폭포수가 떨어지는 바로 밑에 있는 웅덩이"를 말한다.

또한 용추와 가까운 거리에는 달빛이 유명한 "월영대"가 있다. 용추 폭포 위의 넓은 암반 지대를 지나 20분쯤 올라가면 위치해 있는데, 휘영청 밝은 달이 하늘에 뜨면 하얀 화강암과 맑은 계곡물 위에 어린 달 그림자가 그렇게 낭만스럽다하여 월영대라고 한다.

짜릿함을 좋아하고 가파른 산세를 두려워하지 않는 등산객들에게 납량산행코스로 인기만점이다.

대야산은 본래는 선유산仙遊山으로 불리던 산이다. 용추폭포의 시원한 물줄기에, 밝은 달에, 옛 사람의 흔적에, 흥미를 돋우는 재미있는 산행코스는 산행을 하는 시간 내내 긴장을 늦출 수 없다. 눈 가는 곳, 발 가는 곳이 모두 볼거리다.

대야산은 용추에서 시작하여 계곡을 따라 약 2시간이면 정상에 오를 수 있다. 물을 건너고 정자에 오르면서 산행의 즐거움은 곳곳에서 물망초처럼 피어오르는 걸 느낄 수 있다.

월영대에서 오른쪽 피아골 계곡으로 오르면 어느덧 일부러 만들어 진 것 같은 안장같은 바위가 나타난다. 이 바위를 지나면 드디어 정상에 이르는것이다. 정상 부근은 경사가 심하고 길도 험해서 바위를 기어오르고 수풀을 헤치며 가야 한다.

**교통편**

대중교통 | 서울에서 문경까지는 고속버스를 이용하고 문경에서 가은행 직행버스를 이용한 뒤, 별바위골 행 시내버스로 갈아탄다.
승용차 | 34번 국도-마성3거리-901번 지방도-가은읍-922번 지방도-완장리-벌바위

**산행코스**

용추코스 | 벌바위마을-용추-월영대-다래골 표고밭-떡바위-밀재-정상-피아골-월영대-용추-벌바위(5시간)
종주코스 | 벌바위마을-용추-월영대-밀재-정상-촛대봉-옛불란티재-720고지-불란티재-벌바위(7시간)

# 무학산761m · 대곡산516m

경남 마산시

마산의 진산인 무학산은 마치 학이 나래를 편 듯 남으로 길게 이어져 구산반도의 등줄기를 만들고, 동으로는 청룡산, 천주산을 거쳐 정병산, 불모산까지 그 맥이 이어지고 있다. 무학산은 시민들의 발걸음이 그치지 않는 산답게 산행로가 많다.

어디를 택해도 좋지만 진달래와 벚꽃이 만발하는 봄에는 학봉과 서원곡 코스를 빼놓지 않는 것이 좋고, 여름에는 폭포수가 떨어지고 시원한 계곡물이 흘러내리는 완월계곡과 명정계곡 코스를, 억새와 단풍을 볼 수 있는 가을

엔 마산 시내와 합포만을 조감하며 산행할 수 있는 종주코스를 꼭 포함시키면 무학산의 계절별 특징을 모두 감상할 수 있다.

산행은 서원곡 입구에서 시작하는 것이 좋다. 서원곡은 가장 사람의 왕래가 많은 곳으로 여기에서 팔각정과 약수터를 거쳐 무학산 정상까지는 한 시간 남짓이면 오를 수 있어서 새벽 산행을 하는 시민들의 발길도 끊이지 않는다.

정상에서 능선을 타고 대곡산을 따라 만날재를 넘어서 경남대학 쪽으로 하산하면 된다. 조금 길게 종주를 하고 싶으면 정상에서 시루봉을 거쳐서 중리로 하산하면 된다.

### 교통편

**대중교통 |** 강남터미널에서 마산까지는 10분 간격(06:00-18:30)으로 버스 운행, 열차는 11:25발 새마을호와 14:15발 무궁화호가 있다. 마산에서 무학산행 기점까지는 택시를 이용하는 것이 좋다.

**승용차 |** 남해고속국도 서마산 I C-두척동: 서마산 I C-우회전(5번 국도,내서읍 방향) - 두척동 3거리(좌회전) - 경남농축

### 산행코스

서원곡-팔각정-약수터-정상-대곡산-만날재-경남대학(약 4시간 20분 소요)

# 비슬산 1,084m

대구광역시 달성군 유가면, 가창면

비슬산은 산줄기는 완만해 보이나 높이가 1천m가 넘는데다, 울퉁불퉁한 바위가 도처에 도사리고 있으니 산행을 가볍게 생각해서는 안된다. 산행은 음동리에서 출발하여 주능선의 서쪽인 유가사와 양동 방향에서 시작된다. 쌍계동 새마을회관을 지나 동쪽으로 나 있는 마을의 넓은 경작지대를 건너가면 음동이다. 좁은 차도를 따라 동북방향으로 완만하게 올라가다 보면 다리를 건너가게 된다.

이때 오른쪽으로 있는 계곡이 구밭골이며 내려오는 코스가 양동다리다.

차도를 따라 40분쯤 더 올라가면 수림 사이로 유가사 일주문이 보이고 그 뒤로 우뚝 솟은 비슬산이 보인다.

왼쪽의 수도암을 보면서 곧바로 정상으로 올라가게 되는데 눈 앞에 초원처럼 널린 조릿대 군락이 나타난다. 여기서 약 40분을 오르면 샘터에 이르고, 오른쪽 길목으로 10분쯤 들어가야 도성암에 도착한다. 15분쯤 더 올라가면 전망이 탁 트인 능선이 나타난다.

앞이 트인 주능선을 따라 얼마간 내려가는 듯하다가 숲길에 들어서 30분쯤 올라가면 주봉 직전의 암봉에 이른다. 이 뒤로는 밋밋한 풀숲길을 따라 정상 위에 올라선다. 비슬산 정상은 암봉으로 되어있고, 멀리 낙동강과 가야산까지 보인다.

### 교통편

**대중교통 |** 서울에서 대구까지 버스나 열차를 이용한 후, 현풍이나 음동까지 가는 직행버스를 탄다.

**승용차 |** 서울, 대구-비슬산 : 경부고속국도 - 금호분기점 - 구마고속국도 - 현풍 I C - 유가 - 유가사 주차장

### 산행코스

음동리-유갓골-유가사-도성암-정상-톱바위-조화봉-소재사-구밭고-양동다리 앞-음동(약 7시간 소요)

# 울릉도 성인봉 984m

경북 울릉군 울릉읍

울릉도의 산으로는, 섬의 중앙부에 솟아 있는 성인봉과 북면에 아담하게 자리한 노인봉, 송곳산, 알봉이 있다. 알봉538m은 나리분지의 서쪽에 위치한 산으로, 화산이 2차 폭발하면서 생긴 알모양의 봉우리다. 송곳산 430m은 산봉우리가 송곳처럼 솟아있고 봉우리에는 구멍까지 뚫려 있다.

그리고 노인봉199.5m은 노인이 지팡이를 짚고 있는 형상을 하고 있는 조그만 봉우리다. 성인봉의 북부 사면에는 칼데라화구가 함몰되어 형성된 나리분지가 있는데, 이 분지를 제외하면 섬전체를 통틀어 평지는 거의 없다.

용암으로 이루어진 성인봉은 네 개의 주능선과 그 밖에 여러 개의 지능선으로 되어 있다. 이 산은 연 300일 이상 구름과 운해가 끼어 있어 정상을 보기가 쉽지 않다.

산행길은 두세 군데 있으나 일반적으로 길이 잘 나있는 도동에서 정상으로 올라 나리분지 쪽으로 하산한다. 대원사 뒷편을 올라 30분쯤 오르면 집 한 채가 있고 더덕을 재배를 하는 밭이 있다.

등로 주변은 수백 년된 동백과 후박나무로 장관을 이룬다. 여기서 한고개 넘으면 파란 바다가 환히 보이는 곳에 휴식처가 자리잡고 있다. 조금 더 가면 봉래폭포에서 오는 길과 마주친다. 계속 외길로 더 오르게 되면 561m 관모봉이다.

**교통편**

**대중교통 |** 포항에서 대아고속 카훼리호(일요일결항)와 씨플라워가, 후포에서 오션플라워가, 묵호와 속초에서 카타마란호(요일별 운항)가 운항한다. 그러나 기상조건에 따라 변경되기도 하므로 사전에 꼭 확인해야 한다. (문의_02-514-6766) 섬에서는 도동항에서 저동, 사동행 버스가 있으며 택시는 북면에 한 대가 있다. 도동의 여객선터미널에서 울릉도 일주 유람선을 이용할 수 있다.(791-4468)

**승용차 |** 서울, 포항-울릉도: 경부고속국도-동대구분기점-익산포항고속국도-포항i.c-31번

이 일대는 항상 습기와 안개가 짙은 곳이라 앞길이 잘 보이지 않지만, 나리꽃들이 곱게 수놓아져 있어 등산객의 발길을 가볍게 해준다.

정상 일대는 수백 년 묵은 원시림과 천연기념물 활엽수 17종과 솔송나무, 섬 잣나무등 총 600여 식물이 서식하고 있다.

오던 길을 되돌아 급경사길을 1시간 반쯤 내려오면 나리분지다. 150만 평의 넓은 들녘 전체가 천궁 재배단지인데 이곳은 기후 조건이 좋아 천궁재배의 적지라한다. 바로 아랫동네에 몇 채 남지 않은 투막집일명 너와집, 귀틀집을 살펴보면서 5시간 30분의 산행을 끝낸다.

국도(포항 방면)-항구동 여객선터미널 주차, 울릉도 행 여객선 이용.

**산행코스**

도동-대원사입구-관모봉-성인봉-나리분지-천부동(약 5시간 30분 소요)

# 조령산 1,025m

경북 문경시 문경읍, 충북 괴산군 연풍면

조령과, 문경새재. 이 두 이름을 들어보지 않은 사람은 흔치 않을 만큼 우리나라의 유명한 고개이다. 조령산은 해발 1,025m의 험준한 바위산이다. 이 산에는 유난히 고개가 많은 데, 그 중에 가장 유명한 곳이 바로 문경새재이다. 조령산은 특히 눈이 많아서 겨울철 설산의 전경이 마치 한 폭의 그림처럼 아름답다. 험한 데다가 눈까지 많이 내리는 겨울이면, 산행이 힘들지만 그만큼 아름다운 설경을 감상할 수 있다.

산행코스는 두 가지가 있다. 1코스로 가려면 해발 700m가 넘는 이화령

휴게소에서 좌측으로 난 북쪽 능선을 타고 약 40분 정도 들어가면 사방에 돌밭이 펼쳐진다. 돌밭을 지나 30분쯤 계속 오르면 억새풀밭과 조령샘이 있다. 일단 이곳에서 휴식을 하고 가파른 등선을 약 30분쯤 오르면 고개가 나오고, 좌로 돌아 30분 정도 한 고개 더 오르면 정상이다.

2코스는 이화령 휴게소에서 바로 능선으로 올라가는 코스로 두 고개 올라 헬기장에서 봉우리를 넘고 등선을 약 40분쯤 가면 1코스와 만나게 되는 코스다. 2코스는 정상까지 약 2시간 30분쯤 걸린다. 정상에서 급경사 봉우리를 2개 지나면 갈림길이 나온다. 계속 능선을 타고 북진하면 조령 3관문이 나오고 신선암이라 불리는  수직암벽을 지나 계속 가면 느티나무에 이르고 이어 신풍마을까지 내려가면 총 4시간 30분의 산행이일단락 지어진다.

**교통편**

**대중교통** | 연풍에서 문경으로 이어지는 3번 국도가 4차선으로 확장 개통하면서 이화령터널로 대중교통이 통과하기 때문에, 이화령은 연풍이나 문경에서 택시를 이용해야 한다.

**승용차** | 중부내륙고속도로 연풍IC-연풍-이화령

**산행코스**

**1코스** | 이화령 휴게소-북쪽능선-고개-정상-신선암-느티나무 지대-신풍마을(약 4시간 30분 소요)

**2코스** | 이화령 휴게소-고개-정상-신선암-서북릉-조령3관문(약 5시간 30분 소요)

# 주왕산 721m

경북 청송군 부동면

울창한 수목 사이로 시원한 물줄기와 기암괴석이 어우러져 비경을 이루는 주왕산. 이 산은 경북 청송군 부동면에 위치한 산으로 백두대간이 설악산, 오대산을 빚으며 남쪽으로 뻗어 내려가다가, 낙동정맥에 우뚝 솟은 산이다. 그리 높지는 않으나 여기저기 우뚝솟은 봉우리와 암벽, 계곡으로 뛰어난 경관을 자랑하며, 때묻지 않은 자연 그대로의 모습을 간직하고 있다. 주왕산은 기암절벽이 병풍처럼 둘러져 있다 하여 석벽산이라 불렀다고 한다.

주왕산 입구에 들어서면 수문장 기암봉과 고려 태조 2년 보조국사가 주왕

의 아들 대전대군의 명복을 빌기위해 지었다는 대전사가 있다. 대전사를 기점으로 주왕산에 올라 학소대, 망월 1, 2, 3폭포를 거쳐 되돌아 내려오는 것이 일반적인 산행코스이다.

다른 코스는 1폭포와 대피소를 지나 2,3폭포를 거쳐 금은광이와 월미기를 타고 내려와 장군봉, 광암사, 백련암을 둘러보는 코스이다. 주방천을 거슬러 올라가 매표소를 지나면 먼저 대전사가 보인다. 대전사를 지나 가쁜 숨을 몰아쉬면 쭉 올라가면 드디어 주왕산 정상이다.

정상에서 15분 가량 내려오면 칼등고개가 나오는데 이 칼등고개를 넘으면 제2폭포가 나타난다. 다음 3폭포는 2폭포보다도 더 큰 연폭으로 울창한 수목과 어우러져 커다랗고 힘찬 폭포줄기를 자랑한다. 왔던 길을 되돌아가 갈림길에서 대피소쪽으로 빠지면 제1폭포가 나온다. 거암절벽에서 시원한 물줄기가 아무런 거침없이 쏟아져 절로 탄성을 자아낸다.

하산 하는 길에도 볼거리들이 많다. 학소산 방향으로 하산하여 다리를 건너면 시루봉과 학소대가 마주보인다. 학소대를 거쳐 급수대에서 약수를 받아 울창한 수풀을 지나다 보면 주왕암이 나온다. 암자 오른쪽 아래로 돌아 암벽 사이 협곡으로 들어가면 주왕굴이 나온다.

주왕굴 근처의 망월대를 둘러본 뒤 다시 대전사로 내려오면 울창한 수림속에서 시원한 물줄기와 기암괴석의 비경을 감탄하며 즐겼던 4시간 여의 즐거운 산행이 끝난다.

### 교통편

**대중교통 |** 청량리역에서 안동행 열차를 이용하거나 동서울터미널에서 직행 및 고속버스를 이용하여 안동이나 대구 동부터미날에 도착한 후 청송까지 가면 주왕산행 버스가 있다.

**승용차 |** 중앙고속도로 서안동IC-안동-청송 방면 34번 국도-진보면 월전리에서 청송 방면으로 우회전-31번 국도-청송-청운동에서 좌회전-914번 지방도-주왕산 입구 주차장

### 산행코스

**1코스 |** 매표소-대전사-정상-칼등고개-제2폭포-제3폭포-대피소-제1폭포-학소대-주왕암-망월대-대전사(약 4시간 30분 소요)

**2코스 |** 매표소-대전사-주왕암-학소대-제1,2,3 폭포-금은광이-월미기-장군봉-대전사(약 5시간 소요)

# 주흘산 1,106m

경북 문경시 문경읍

주흘산은 예로부터 나라의 기둥이 되는 큰 산中嶽으로 우러러 매년 조정에서 향과 축문을 내려 제사를 올리던 신령스런 영산靈山으로 받들어 왔다. 문경의 진산鎭山이기도한 주흘산은 '우두머리 의연한 산' 이란 한자 뜻 그대로 문경새재의 주산이다.

산행은 주차장에서 내려 주흘관 오른쪽으로 난 곡층골을 따라 시작된다. 숲속으로 1분쯤 오르면 오른쪽에 여궁폭포가 있고 계속해서 조금 더 가면 전통 사찰인 혜국사가 나온다. 장송이 우거진 등산로를 10분쯤 가면 깊은 숲에 안적암이 자리잡고 있다.

바위 덩어리로 이어진 등산로를 지나 8부 능선의 첫 고개 갈림길이 나온다. 왼쪽은 하산길이므로 오른쪽으로 계속 가야 한다.

또 한 고개를 넘으면 웅장한 암릉이 나오면서 수십 길 절벽이 보인다. 절벽을 왼쪽으로 돌아 오르면 마지막 봉우리가 보인다.

급경사를 엉금엉금 기어오르다 보면 드디어 2시간 30분만에 정상이다. 왔던 길을 되돌아 5분쯤 내려와 우측 2관문으로 하산한다. 용이 승천했다는 용추폭포를 끝으로 약 5시간 30분의 짧고 아쉬운 산행이 마무리된다.

**교통편**

**대중교통** | 동서울터미널에서 06:30분 부터 40분 간격으로 출발하는 문경행 직행버스를 탄다. 문경읍에서 1관문까지는 버스로 10분이면 간다.

**승용차** | 중부내륙고속도로 문경새재IC-3 번 국도-조령사관문

**산행코스**

주차장 - 1관문(주흘관) - 여궁폭포 - 혜국사 - 안적암 - 1075봉 - 정상 - 2관문 계곡 - 자연석탑 - 2관문 - 용추폭포 - 3관문(약 5시간 30분 소요)

# 지리망산398m · 불모산399m

경남 통영시 사량면(사량도)

삼천포 앞바다의 잔잔한 물결을 가르고 40분 정도 배를 타고 사량도 상도에 도착하면 동서로 길게 뻗은 사량섬 가운데 우뚝 솟은 지리산을 볼 수 있다. 본래는 전라도의 지리산이 보이는 산이라 해서 '지이망산' 이라 불리던 것이 입으로 전해지면서 축소된 이름이라 한다.

산행은 돈지를 비롯해서 진촌, 내지, 옥동 등의 코스가 있다. 돈지포구를 시발점으로 지리산, 불모산가마봉, 옥녀봉을 거치는 능선을 타고 진촌으로 빠지는 코스를 택하면 이 산의 아름다움을 가장 잘 즐길 수 있다. 다음 봉우리인 불모산은 지리산보다 높은 봉우리로 가마봉이 라고도 불린다. 100m 아래로 사량도의 유일한 암자인 성자암이 있다.

숲길로 들어서 걷다보면 옥동으로 내려가는 갈림길이 나온다. 다음으로 이어지는 옥녀봉은 코스가 힘들기 때문에, 산행을 계속하기가 곤란한 사람은 이곳에서 하산하든지, 아니면 한 고개만 더 넘어 내지쪽으로 내려가는 편이 좋다. 계속해서 숲길을 따라 올라가면 앞이 트이는데 바로 여기가 암봉으로 이루어진 불모산 꼭대기다.

내려가는 길도험하므로 자일을 이용하는 것이 좋다. 다 내려오면 짧고 평탄한 바윗길과 그 이후로 가파른 내리막 숲길이 연결된다. 이윽고 진촌마을로 내려오면, 총 5시간여의 산행을 마치게 된다.

### 교통편

**대중교통 |** 열차나 고속버스를 이용해서 경남 진주까지 가서 삼천포행 버스로 갈아탄다. 삼천포에서 사량도행 여객선 선착장을 찾아간다. 단체는 삼천포 선착장에서 유람선을 대절하는 것도 좋다. 삼천포와 사량도간 선박은 왕복 하루2번 운항하는데 소요시간은 약 50분 남짓하다. 사량섬으로 들어가는 것은 06:30과 14:30이고, 삼천포로 나오는 것은 07:30과 15:30에 있다.

**승용차 |** 서울, 사천-지리망산, 불모산:경부고속국도-통영대전고속국도-사천IC-3번 국도(사천 방면)-사천-삼천포항 주차장

### 산행코스

내지-지리산-불모산-옥녀봉-대항(약 5시간 소요)

# 청량산 870m · 축융봉 345.2m

경북 봉화군 명호면, 재산면

경북 봉화군 오지에 숨어 있는 청량산은 암산으로 이루어진 산이다. 그래서 대부분의 사람들이 산행이 불가능한 산으로 여기지만, 산 밖에서 보는 외형과 달리 산안으로 들어서면 혀를 내두를 정도로 기묘한 바위산의 절경이 이어진다. 수많은 문화유산과 자연생태계가 잘 보존되어 있어 1982년 도립공원으로 지정되어 관리되고 있다.

청량산 능선은 동서로 길쭉하게 뻗어 있으며, 이 주능선 남쪽 사면에는 김생굴, 청량사 등의 명소가 있다. 등산로는 이들 명소를 이어주면서 여러갈래의 길이 나 있다. 남쪽으로 향한 산인지라 따스한 햇살이 항상 들어 한겨울이라도 큰 추위를 못 느낄 정도로 포근하다.

청량산은 낙타의 혹같은 봉우리가 여러 개 연이어 있어서 멀리에서도 금방 눈에 띈다. 최고봉인 의상봉주세붕이 장인봉이라 개칭했다을 비롯해 보살봉, 금탑봉, 연화봉, 축융봉 등 12개 암봉이 있는데, 청량산에서 시계방향으로 있는 산들을 연계해서 오른다면 알찬 산행이 될 것이다.

각 봉마다 대臺가 있으며, 자락는 8개 굴과 4개 약수가 있다. 현재는 내청량사유리보전와 외청량사 응진전, 그리고 퇴계의 서당인 오산당청량정사, 그리고 공민왕의 피난처인 청량산성 등이 흔적만 남아있지만, 한때 암자가 26개나 있었다고 한다.

**교통편**

**대중교통 |** 열차나 고속버스를 이용하여 안동까지 간 후, 안동역 앞에서 북곡행버스를 이용해 광석에서 하차한다.

**승용차 |** 중앙고속도로 풍기IC-5번 국도-영주시-36번 국도-봉화읍-봉성면 봉성리-918번 지방도-35번 국도-명호면 북곡리-청량산

**산행코스**

청량산 휴게소-입석-외청량사-오산당-내청량사-정상-보살봉-김생굴-응진전-외청량사
(약 4시간 소요)

# 토함산 745m

경북 경주시

석굴암으로 유명한 곳, 토함산. 경북 경주시 진현동과 황룡동에 위치한 토함산은 동해의 습기와 바람을 구름과 안개로 뱉어 머금는다는 뜻을 가지고 있다. 토함산을 오르는 가장 큰 이유는 동해와 함께 보는 일출을 감상하기 위해서다. 특히 12월 31일에는 시내에서 에밀레종 타종식을 끝내고 새해 일출을 맞이하기위해 전국에서 많은 사람들이 몰려든다.

산행은 불국사에서 시작한다. 신라 불교미술의 꽃이라는 불국사를 감상한 뒤, 좀더 가면 물맛이 매우 좋은 '오동수' 라는 약수터가 나오고, 계속 길을 따라 30분쯤 가면 사방이 시원하게 트인 넓은 공터에 매표소가 나온다. 매표소 옆에는 석굴암 통일대종이 자리 하고 있다.

여기서 석굴암으로 가는 길은 두 가지다. 매표소를 지나 북쪽 일주문을 통과하거나, 공터 직전에서 왼쪽으로 난길을 따라 가면 된다. 석굴암을 지나 좀 더 가면 드디어 정상이다. 산불 감시초소가 있는 정상에 서면 가운데 오목하게 패인 연못을 볼 수 있다.

경주시, 포항시, 영월군 일부와 푸른 동해가 막힘없이 보이고, 멀리 고헌산, 가지산을 비롯해 빼어난 산봉우리들이 겹겹이 이어져 있는 모습도 볼 수 있다. 하산은 전망을 원하면 추령으로 하고, 뚜렷한 산길을 원하면 사시목으로한다.

### 교통편

**대중교통 I** 기차나 고속버스를 이용해서경주까지 간 뒤, 불국사행 시내버스를 탄다. 시내버스는 11, 12, 101, 102를 이용한다.

**승용차 I** 경부고속도로 경주IC-서라벌대로로 직진-고속사거리에서 우회전-울산방면 7번 국도(문무로)-불국사역 앞 삼거리에서 좌회전-불국사-토함산

### 산행코스

불국사-약수터-석굴암-정상-갈림길1-갈림길2-추령 혹은 사시목 (약 2시간 30분 소요)

# 팔공산 1,193m

대구 광역시 동구, 군위군 부계면, 영천시 신녕면

팔공산이라는 이름은 여덟 명의 공신이 있는 산이라는 의미이다. 이 이름은 후삼국시대에 견훤과 싸우던 고려 태조의 여덟 장수가 모두 전한 데서 연유한다고 전해진다. 또한 '동국여지승람' 에 부악, 공산, 동수산이라는 이름으로 불리기도 했다는 기록이 있다.

등산로는 여러 곳에 나 있는데 그 중에 가장 빠른 지름길이라 할 수 있는 동화사가 첫 손에 꼽힌다. 한적한 산행을 하고 싶다면 팔공산 폭포나 은해사를 오르는 외팔공 코스를 택한다.

매표소에서 동화사를 지나 서쪽 계곡변의 큰길을 따라 들어가면 부도암과 염불암을 지난다. 절 왼쪽 길로 조금 올라가면 또 갈림길인데 어느쪽으로 가도 동봉으로 갈수 있다.

정상인 비로봉은 입산통제 구역이므로 동봉으로 오른다. 검은 화강암에 동봉이라 새겨진 표석이 있다. 능선을 넘어 남쪽으로 내려가는 희미한 길을 따라 가면 염불암이다.

계단 밑 갈림길에서 동쪽 길을 따라 산허리를 가로질러 내려가면 양진암을 거쳐 그대로 하산하는데 동호사까지 총 4시간 남짓하다.

**교통편**

**대중교통** | 서울에서 열차나 고속버스를 이용하여 동대구에 도착하면 동화사(76번), 파계사(20번), 학명동(16번)행 시내버스가 운행한다.

**승용차** | 중앙고속도로 다부IC-5번 국도-송림사-79번 지방도-파계사거리-수태골-동화집단시설지구-백안삼거리-능성삼거리-갓바위 등 산로입구

**산행코스**

**1코스** | 매표소-동화사-부도암-염불암-동봉-염불봉-염불암-양진암-동화사(약 4시간 소요)

**2코스** | 주차장-파계사-파계재-파계봉-서봉-동봉-신령재-인봉-중암암-백홍암-은해사(약 9시간 30분 소요)

# 화왕산 757m · 관룡산 740m

경상북도 청도군 청도읍, 경상남도 밀양시 부북면

경남 창녕읍과 고암면 사이에 자리잡은 화왕산과 이 화왕산 꼭대기에서 동남쪽능선으로 뻗어내린 관룡산은 경남 창녕군에서 한 번쯤은 꼭 가봐야 할 진산이다.

높지는 않지만 경관이 수려하고 낙동강 하류지대에 솟아올라 있어 산세가 제법 크게 느껴진다. 두 산은 마치 ㄷ자를 오른쪽으로 90도 가량 돌려 놓은 듯한 지형이다.

화암산이나 관룡산을 오르내리는 데는 각각 3시간 남짓이면 충분해서 어느 한 산만 오르면 싱거울 정도로 단조로운 편이다. 두 산을 묶어서 한 코스로 하면 다섯 시간 정도 걸리므로 그런대로 짜여진 일정을 잡을 수 있다.

관룡산은 옥천리를 시발점으로 하여 관룡사를 경유해서 정상에 오른다. 그 곳에서 화왕산까지 평탄한 능선이 뻗어 있어 쉽게 오를 수 있다.

화왕산 꼭대기 뒤쪽에는 화왕산성과 삼지연못이 있다. 삼지에서 약간 왼쪽으로 빠져서 산허리를 타고 나가면 관룡산으로 넘어가는 능선이다.

관룡사로 넘어가지 않고 하산하려면 정상에서 서북능선을 타고 내리막길로 가면 된다.

### 교통편

**대중교통** | 대개 창녕으로 직접 가는 것보다 대구를 거쳐 구마고속도로로 창녕으로 가는 것이 좋다. 창녕까지 가는 버스가 대구에서는 20분마다, 부산과 마산에서는 1시간마다 있다. 창녕에서 옥천리행은 하루 6회운행하는데 바로 창녕 시외버스 정류장에서 화왕산 입구까지 기본요금 정도 나오는 택시를 이용하는 편이 낫다.

**승용차** | 경부고속도로-구마고속도로-창녕IC-화왕산군립공원

### 산행코스

**1코스** | 옥천리-관룡사-관룡산 정상-진달래능선-화왕산성-화왕산-목마산성-창녕여중(약 3시간 소요)

**2코스** | 창녕읍-도성암-환장고개-화왕산 정상-진달래능선-관룡산 정상-관룡사-옥천리(약 2시간 30분소요)

# 황악산 1,111m

경북 김천시 대항면, 충북 영동군 상촌면, 매곡면

황악산은 경북 김천시 대항면과 영동군 매곡면을 경계로 하며 한반도 중추인 백두대간의 허리 부분에 자리잡고 있다. 산세는 평평하고 완만하며 비단같이 부드러운 편이다. 직지사 뒤 대로를 따라 10분여 거리에 위치한 입산통제소에서 산행이 시작된다.

산을 오르기 시작한 후 나오는 계곡 갈림길에서 왼쪽으로 접어들면 청룡대 능여계곡을 오르는 길로 접어들지만 오른쪽 백련암 운수봉 쪽의 코스가 봄이면 진달래, 철쭉, 가을이면 억새가 흐드러져 한 폭의 그림같아 좋다.

오른쪽으로 길을 잡아 백련암에서 식수를 준비한다. 다시 왼쪽 등산로를 따라 가파른 길을 오르면 고지대의 능선에 이르게 된다.

이 능선에서 정상 비로봉까지 1시간여의 억새밭이 분위기 있는 가을 산행을 만끽하게 해주는 곳이다. 비로봉에 올라서면 발아래로 서쪽은 만주지산이요, 남족은 수도산이다.

하산할 때 남쪽으로 내려오면 길이 막힐 정도로 싸리나무가 빽빽하게 들어서 있다. 내원계곡으로 곧바로 가는 길은 급경사라 위험하니 형제봉으로 돌아서 가는 것이 좋다. 또한 하산의 마무리 코스인 직지사 일대는 국민관광지로 지정, 조각공원이 조성되어있는 등 볼거리가 많고 먹거리도 풍부하다.

**교통편**

**대중교통 |** 서울에서 기차나 고속버스를 이용하여 김천에 도착하면 직지사행 시내버스가 수시로 운행한다.

**승용차 |** 경부고속도로 김천IC-추풍령 방면 4번국도-덕천검문소에서 좌회전-903번 지방도-향천리-직지사

**산행코스**

직지사-백련암-비로봉-형제봉-내원계곡-직지사(약 4시간 30분 소요)

# 제주 · 북한

'산에는 질서와 휴식이, 그리고 고요와 평화가 있다.
산은 모든 것을 받아들인다. 안개와 구름, 달빛과 햇살을
받아들이고, 새와 짐승들에게는 깃들일 보금자리를 베풀어
준다. 산은 거부하지 않는다. 자신을 할퀴는 폭풍우까지도
마다하지 않고 너그럽게 받아들인다'

# 한라산 1,950m

제주 제주시 북제주군, 남제주군, 서귀포시

제주도의 한복판에 장엄하게 솟은 한라산은 백두산, 금강산과 더불어 우리나라 3대영산중의 하나이다. 남한에서는 가장 높은 산으로, 산세나 지형이 육지의 어느 산과도 닮지 않은 독특함을 지니고 있다.

섬의 중앙에서 서남쪽으로 약간 비껴 위치해 있으며, 한라산을 중심으로 마을이 모이고 도시가 생겼으므로 섬 전체가 한라산이라 해도 과언이아니며 섬의 어디에서나 산을 볼 수 있다.

한라산은 화산분출로 생성된 휴화산으로 백록담은 그 화산폭발로 생긴 분

화구이다. 한라산은 360여 개의 오름(기생화산)을 거느리고 있는데 각각의 봉우리마다 산정에 폭발흔적이 있다. 그뿐 아니라 하천의 침식과 융기로 이루어졌음을 알 수 있는데, 침식을 받지 않은 서쪽 해안 일대의 바위에서는 조개류 등의 화석이 발견되기도 한다.

한라산의 대표적인 기생화산의 하나인 사라오름은 바짝 말라있는 경우가 대부분이지만, 여름에는 물을 볼 수 있다. 진달래가 무리지은 진달래밭 대피소부터는 폭이 넓고, 화산암이나 조면암으로 된 돌이 깔려있어 길이 좋다.

한라산의 절경은 뭐니뭐니해도 설경이다. 제주도의 근해에는 난류가 흘러 연평균기온과 강수량이 제일 높고 바람도 강한데, 바로 그러한 이유로 한라산의 입구쪽은 난대성, 해양성 기후에 가깝지만 꼭대기에 이르면 점차 기온이 떨어어져 한대성 기후까지 나타난다.

녹담만설이라 하는 한라산의 설경은 이러한 기후의 영향을 받은 것이다.

겨울에내린 눈이 해풍이 불면 나뭇가지 위에서 그대로 얼어붙어 쌓여있다가 이듬해 5월경까지그대로 남아 있다. 한라산을 오르는 길은 크게 네 갈래로 어리목이나 영실, 또는 성판악 휴게소나 관음사 등이 있다.

최근에는 등, 하산시 편리하도록 길 위에 고무를 덧씌우고 있다. 유일하게 남한에 위치한 겨레의 영산을 올라 보면 새삼스레 우리 민족의 한과 설움, 생존의지를 느끼게 된다.

제주도는 성산일출봉과 더불어 민속박물관, 만장굴, 삼성혈 등 볼거리가 넘쳐 일정을 넉넉하게 잡지 않으면 미쳐 다 둘러 보지 못하게 되는 아쉬움이 남을 것이다.

**교통편**

제주까지는 서울, 광주, 부산 등에서 항공편을 이용하거나 부산, 목포, 완도 등지에서 선박을 이용한다. 제주에서는 공항좌석버스나 시외버스 및 시내버스를 이용하면 된다.

**산행코스**

**어리목코스** | 관리사무소-어리목대피소-사제비오름-만수동산-윗세오름대피소-정상(약 4시간 소요)

**영실코스** | 관리사무소-영실휴게소-윗세오름대피소-정상(약 3시간 30분 소요)

**성판악코스** | 관리사무소-성판악휴게소-사라대피소-진달래밭대피소-정상(약 5시간소요)

**관음사코스** | 관음사-관리사무소-적십자대피소-용진굴-용진각대피소-정상(약 5시간소요)

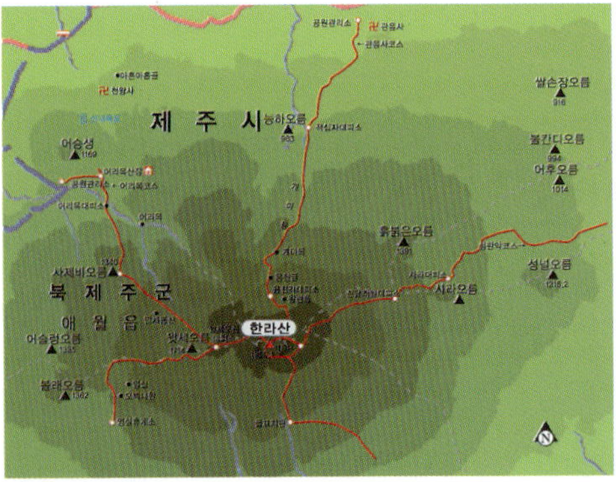

# 백두산 2,750m

함경남, 북도, 중국

백두산은 함경남, 북도와 중국의 국경에 위치한 우리나라의 최고봉으로, 장장 1,800km에 걸쳐 한반도의 남북을 가로지르는 백두대간의 첫 줄기를 이룬다. 백두산의서, 북쪽은 중국 길림성으로, 동, 남쪽은 양강도로 갈라지며, 2,500m를 넘는 봉우리가 16개나 되는 한민족의 영산이다.

백두산은 약 400년전인 1597년부터 1702년까지 3차례의 화산폭발이 있었으며 지금도 화산활동의 후기현상이 나타나고 있는 휴화산이다. 1980년에는 백두산 자연보호구를 UN 국제생물권 보류지로 지정한 바 있고, 1985

년에는 북한에서 특별 보호구로 설정하여 보호하기에 이르렀다.

백두산에 오를 수 있는 시기는 4월에서 10월까지 가능하나 가장 적기는 7월 중순에서 8월말이다. 우리나라에서 중국을 경유하여 백두산으로 가는 항공편은 북경과 천진, 심양, 연길, 그리고 상해가 있는데, 대개는 조상들의 얼이 서린 옛 고구려의 도읍 집안과 임시정부가 있는 상해에 들렀다가 출발하는 코스를 많이 이용한다.

안내소를 통과하여 10분쯤 더 가면 해발 1,200m 고산 빙장 초대소에서 하차하여 오른다. 주차장에서 정상까지 가는 지프도 있다. 코스는 우측의 온천지대를 지나 장백폭포, 옹벽, 승하시달문쪽으로 가는 1코스와 기상관측소에서 차길을 따라 흑풍구를 경유 천문봉 정상에 오르는 2코스가있다.

8월에도 봉우리에 하얀 만년설이 덮여 있어 고산임을 더욱 실감케 한다. 정상에 가까이 가면 바람이 휘몰아치는 흑풍구가 나온다. 계단을 올라 흑풍구를 내려다 보면 69m 폭차의 장엄한 장백폭포가 한눈 에 들어온다.

이곳을 지나 4시간 여를 힘을 다해 오르면 천문봉 정상에 다다르게 된다. 500m 아래푸른 호수가 바로 천지중국명은 달문지다. 천지는 화산폭발시 형성된 칼데라호로, 수면고도는 세계에서 가장 높은 2,190m이다.

거울처럼 맑아 하늘을 담고 있는 산정호수 천지는 아무리 가물어도 물이 줄지 않는데 그 이유는 밑에서 물이 솟구쳐 오르기 때문이라 한다.

이런 민족의 영산을 북한이 1963년 중국과 비밀 국경협정을 맺고 한국전쟁 참전의 대가로 천지의 절반과 2,500m급 봉우리 8개를 몽땅 잘라 주었다 한다. 다행히도 우리의 정기가 서려 있는 정상의 봉우리만은 넘겨주지 않았다고 한다.

정상에서 하산길 2시간 거리에는 천지물이 흘러 달문을 나와 떨어지는 장백폭포가 있다. 장백폭포를 지난 천지물은 송화강으로 흘러 만주벌판을 적시며 압강과 두만강의 발원이 되기도 한다.

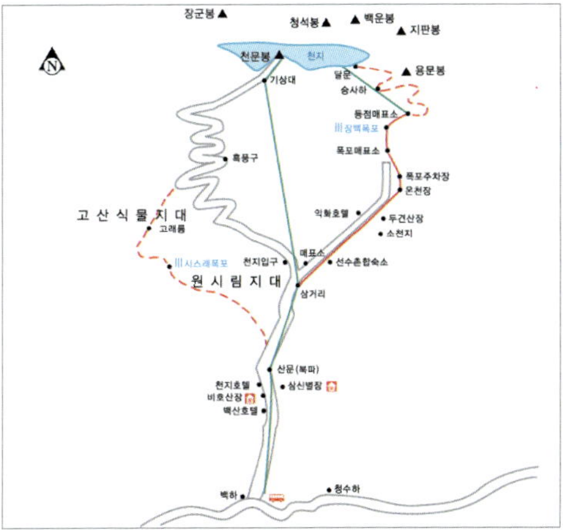

### 교통편

서울에서 연길까지는 항공기를 이용하고, 연길에서 백두산까지는 버스를 이용한다.

### 산행코스

**1코스** | 안내소-빙장초대소-기상관측소-흑풍구-천지-천문봉-장백폭포-온천지대-안내소 (약 5시간 소요)

**2코스** | 서파종주/서파-5호경계-청석봉-백운봉-처니-다룬-북파 (약 8시간)

내몸에 맞는산행 설명서
한국의 120명산
2014년 12월 8일 초판 1쇄 발행
2017년 11월 20일 초판 3쇄 발행
■
엮은곳 한국야생화연구회 편
펴낸곳 아이템북스
디자인 김영숙
마케팅 최용현
■
출판등록 2001년 8월 7일
등록번호 제2-3387호
주 소 서울시 마포구 서교동 444-15
전 화 02-332-4337 / 팩 스 02-3141-4347